Trinity College
Dublin, Irlande

Université Humboldt
Berlin, Allemagne

Université de Vilnius
Lituanie

Université Jagellon
Cracovie, Pologne

Université Bocconi
Milan, Italie

Université de Paris-Sorbonne
France

Université de Leipzig
Allemagne

Université de Vienne
Autriche

Université de Cardiff
Grande-Bretagne

Université Charles, Prague,
République tchèque

Université de Coimbra
Portugal

Université d'Oxford Brookes
Grande-Bretagne

Université internationale
de Brême, Allemagne

SOMMAIRE

L'EUROPE DES UNIVERSITÉS

Marie-Laure Le Foulon et Jean-Maurice de Montremy

DÉCOUVERTES GALLIMARD
CULTURE ET SOCIÉTÉ

Début du XIIe siècle. À Bologne, des jeunes gens s'associent pour suivre les cours d'un maître. Ils veulent acquérir des connaissances qu'aucune école ne leur offre. En ce temps, on ne trouve de savoirs que dans les lieux d'Église ou de pouvoir, qui le plus souvent se confondent. L'essentiel de l'enseignement « supérieur » est dispensé dans les écoles fondées autour des monastères et de l'administration épiscopale.

CHAPITRE 1

LES CATHÉDRALES DU SAVOIR

Le maître – Henricus de Alemania – commente un texte à son « collège » d'étudiants (à gauche). Il parle en chaire, son discours amplifié par l'abat-voix. La scène se déroule à Bologne. Avant de se spécialiser, les « écoliers » (étudiants) suivaient une formation commune fondée sur la tradition des sept arts libéraux ; ceux-ci représentaient, comme un microcosme, la structure idéale du savoir, gravitant autour de la science sacrée (ci-contre).

Lorsqu'il représente, à Sienne, les *Effets du bon gouvernement à la ville et à la campagne* (détail ci-dessus), Lorenzetti (1290-1348) témoigne d'un phénomène nouveau : la ville européenne, dont les campagnes sont désormais l'arrière-pays. Une ville puissante interagit avec son terroir. S'y développent des métiers et des savoirs nouveaux qui restent couronnés par la « science sacrée », la théologie. Ce bouillonnement s'exprime dans l'invention de l'Université, cadre intellectuel de la chrétienté d'Occident.

Les monastères s'enracinent dans la « campagne », centre de gravité du premier Moyen Âge. Dans le monde rural vit l'écrasante majorité de la population ; là est produit l'essentiel de la richesse. L'essor agricole se confirme, les campagnes fournissent un surplus d'hommes en quête de travail et un surplus de denrées à échanger. Cette croissance, qui suscite une nouvelle urbanisation, ne doit presque rien au modèle de la cité antique qui, affaibli, avait perduré jusque-là.

La ville et ses nouveaux besoins

Propre à l'Europe sous cette forme, le phénomène urbain suscite une « bourgeoisie » – comprenons : des métiers et structures propres au « bourg », artisans, marchands, commis aux écritures, experts en transactions, etc. Le destin du continent change. Partout, alors que s'élèvent les cathédrales de pierre, s'organisent aussi les « cathédrales du savoir », pour reprendre l'expression de Jacques Le Goff.

Bien que les évêques et les autorités municipales aient offert des formations liées à l'activité urbaine (grammaire, connaissances notariales, droit...), il manquait un savoir propre à cet espace en train de naître. Les jeunes gens de Bologne et leurs familles ont donc, en ce début de XIIe siècle, une réaction spontanément utilitaire. Puisque l'école monastique et l'école cathédrale (celle des évêques) ne nous fournissent pas tout ce qu'il nous faut, cotisons-nous : faisons venir des maîtres que nous rétribuerons par contrat en échange de leurs enseignements. À charge pour l'enseignant de nous garantir sa présence et de nous consacrer le temps nécessaire. Presque simultanément, à Salerne, dans le Sud, des apprentis médecins adoptent eux aussi ce modèle contractuel. Celui-ci gagne d'autres villes, notamment Montpellier, où s'implantent, à partir des années 1130, des écoles de médecine dont la réputation devient européenne.

Cette initiative ne naît pas au hasard, ni n'importe où. Forte d'un arrière-pays fertile, bien située entre l'Adriatique et le Pô, à l'intersection de deux routes franchissant les Apennins, Bologne est l'une des villes les plus dynamiques de ce début du XIIe siècle. Elle comptera bientôt près de 50 000 habitants. Paris, la principale ville européenne, en réunit 80 000. Aussi les mêmes causes produisent-elles les mêmes effets sur les bords de la Seine, puis – bien qu'il s'agisse d'une ville moins importante – à Oxford. Les royaumes de la péninsule ibérique emboîtent

“De même que l'éloquence est aveugle, si la raison ne l'éclaire pas, la science qui ne sait pas user des mots est faible, comme manchotte. Les hommes deviendraient des bêtes s'ils étaient privés de l'éloquence dont ils ont été doués.”

Jean de Salisbury (v. 1115-1180)

Ainsi les étudiants et leur maître forment-ils une communauté qui veut s'arracher à la « bestialité » de la vie rurale. « L'exil de l'homme c'est l'ignorance; sa patrie, c'est la science », disait, pour sa part, le moine encyclopédiste Honorius (v. 1080-1157). Du XIIe au XVIe siècle, toutefois, les rapports se hiérarchisent. Jadis salariés par leurs élèves, les maîtres gagnent en autonomie mais pas toujours en dynamisme.

le pas : Salamanque (1218), Valladolid (fin du XIIIe siècle), Lisbonne (1300) et Lérida (1300).

À Paris, dès 1136, le théologien Pierre Abélard attirait de nombreux auditeurs sur la montagne Sainte-Geneviève : il y avait créé une école « privée » rémunérée par ses élèves. Comme Abélard, d'autres maîtres s'installent sur la Rive gauche, encore campagnarde. Celle-ci deviendra le quartier Latin : d'un bout à l'autre de l'Europe, en effet, les études se font en latin, la langue de l'Église occidentale et du savoir. Les « pérégrins », qui voyagent de ville en ville à la recherche de bons maîtres, suivent d'autant plus aisément les cours.

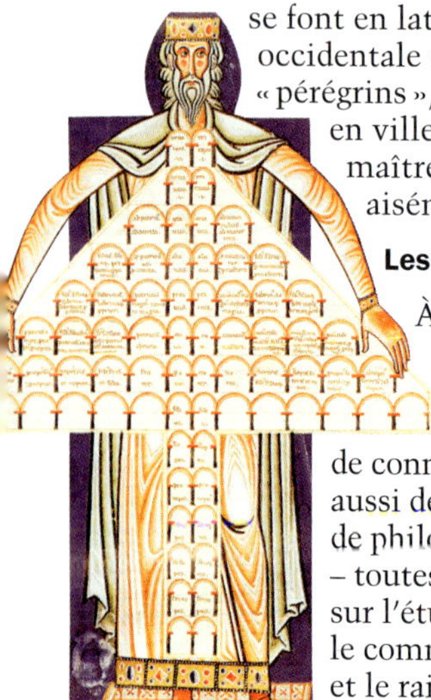

Les catégories du savoir

À Bologne, Paris et Oxford, ces « écoliers », que l'on nommera bientôt « étudiants », sont avides de connaissances juridiques, mais aussi de logique, de rhétorique, de philosophie, de théologie, etc. – toutes spécialités qui reposent sur l'étude attentive des textes, le commentaire, la discussion et le raisonnement. Le droit civil et l'impressionnant droit canon, celui de l'Église, sont indispensables au développement intellectuel, économique et politique de cette société en mutation. L'utilitarisme ne prévaut pas pour autant : les hommes des XIIe et XIIIe siècles entendent aussi acquérir un art de penser. Le travail intellectuel devient un métier, tout comme celui des artisans.

Le nouveau besoin de savoir se coule dans les catégories chères à l'Antiquité christianisée, mais avec – là encore – un profond renouvellement. La base de la formation est constituée par les arts libéraux : d'une part, la grammaire, la dialectique et la rhétorique, arts des mots et des signes (*trivium*, « à trois voies ») ; d'autre part, l'arithmétique,

Élaboré à Bologne vers 1140, le *Décret* (traité de droit canon), attribué à un juriste nommé Gratien, est le premier chef-d'œuvre de l'art des « concordances ». Il s'agit à la fois d'une compilation de textes juridiques et d'un exposé de leurs éventuelles contradictions (à gauche, représentation des rapports de consanguinité). Les premières facultés de droit canonique – le droit qui règle le fonctionnement pratique et théorique de l'Église – naquirent pour commenter le *Décret* de Gratien. Le droit canon est l'un des socles de la pensée juridique européenne.

la musique, l'astronomie et la géométrie, arts des choses et des nombres (*quadrivium*, « à quatre voies »). Autant de formes où s'exprime une exigence de rigueur « scientifique ». On les enseigne au sein d'une faculté, nom donné au XIIIe siècle à l'entité qui réunissait le *trivium* et le *quadrivium*. Les arts libéraux sont considérés comme préparatoires (bien plus tard, l'Allemagne du XIXe siècle forgera le mot « propédeutique »). Au-dessus d'eux s'élèvent les trois facultés supérieures : le droit, la médecine et, plus prestigieuse encore, la science sacrée, que l'on désignera bientôt comme « théologie ». L'articulation de la philosophie et de la théologie – qui est la servante, qui est la maîtresse ? – fera l'objet de débats passionnés entre la faculté des arts et la faculté de théologie, notamment à Paris, cœur de

Grammaire, Logique, Rhétorique et Musique s'associent dans les Arts libéraux (ci-dessus). L'Arithmétique (en bas) y voisine aussi, avec la Géométrie et l'Astronomie.

l'enseignement aux XIIIe et XIVe siècles. Il ne faut pas négliger pour autant la révolution presque silencieuse qu'est l'introduction des deux autres disciplines, jusque-là jugées peu nobles : le droit et la médecine. Elles sont profanes, en effet ; lucratives, de surcroît, ce qui gêne la société médiévale.

Tous les enseignants sont clercs. Hommes d'Église, ils se méfient de la richesse et des formes de richesse inédites qu'expérimentent les marchands, notamment la banque. Ils reconnaissent néanmoins dans le droit et la médecine les composantes indissociables de leur vision de l'homme placé au centre de la création et considéré comme un tout. L'analogie de l'univers-macrocosme et de l'homme-microcosme, y compris dans son corps, est une image forte, spirituellement et socialement.

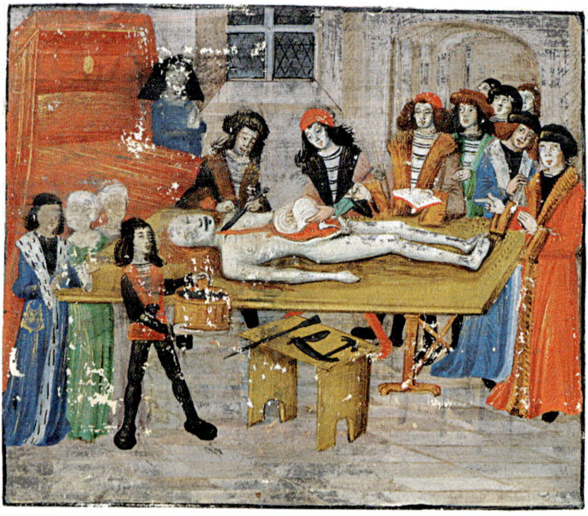

Marquée par Aristote, la *Somme théologique* de Thomas d'Aquin (1225-1274, ci-contre) affirme l'universalisme de la connaissance et de la raison. « Double est le genre des sciences », écrit-il : « Certaines procèdent de principes connus par la lumière naturelle de l'intellect, d'autres par la lumière d'une science supérieure, de même que la perspective procède des principes de la géométrie. » Aristote inspire aussi la pensée contestataire du franciscain Guillaume d'Ockham (v.1285- v.1349, ci-dessus). À compter du XIIIe siècle, tout est passé au crible du raisonnement logique, y compris la médecine, d'où le besoin de pratiquer la dissection pour connaître le corps humain (ci-contre, à l'université de Montpellier, XIVe siècle).

L'Anglais Adélard de Bath (v.1080-1160), qui parcourut les rives de la Méditerranée, notamment l'Espagne et la Sicile, rapporta de ses voyages une encyclopédie scientifique où s'exprime un besoin vibrant de connaître, découvrir et redécouvrir. On y trouve tout, « en corps », des mathématiques jusqu'à l'anatomie et la physiologie.

Comme ses contemporains, Adélard de Bath estime que le savoir repose sur la connaissance des écrits laissés par les Anciens et sur l'Écriture. Le changement, capital, n'est donc pas tant dans le retour aux textes et aux exégèses que dans l'élargissement constant de la « bibliothèque » jugée indispensable. Lieux de contact entre l'Orient et l'Occident, Palerme et Tolède attirent les savants avides de manuscrits. Les traductions depuis l'arabe se multiplient, ainsi que les copies, alors que l'habitude s'installe de prendre note des cours et de les publier, ce qui développe une véritable « industrie » du livre autour des lieux d'enseignement.

L'intellectuel du XIIe siècle voit désormais le monde comme une « grande fabrique », pour reprendre les mots du moine bavarois Gerhoch de Reichersberg, « un atelier de l'univers ». Atelier dont la ville est désormais l'image vivante, se substituant à l'ancien modèle monastique.

“La science de Dieu, telle un miroir, porte en soi des secrets nombreux et inconnus, et produit par l'amplification et l'élévation l'ostension de ses merveilles.”

Abbesse Hildegarde de Bingen (1098-1179)

Son *Livre des œuvres divines* popularisa la mystique du microcosme et du macrocosme (ci-dessus, Adam [l'Homme] et les forces de l'univers).

La « corporation des maîtres et des écoliers »

Le mot université – *universitas* – ne deviendra officiel qu'au début du XIIIe siècle. Il s'inscrit dans cette réalité urbaine qui pousse les artisans à se réunir et former des corporations. Celles-ci rassemblent tous les membres d'un même métier : maîtres, apprentis, salariés. Elles se fondent sur le monopole, qui leur assure l'autonomie et un pouvoir avec lequel les seigneurs, les communes ou les rois doivent compter.

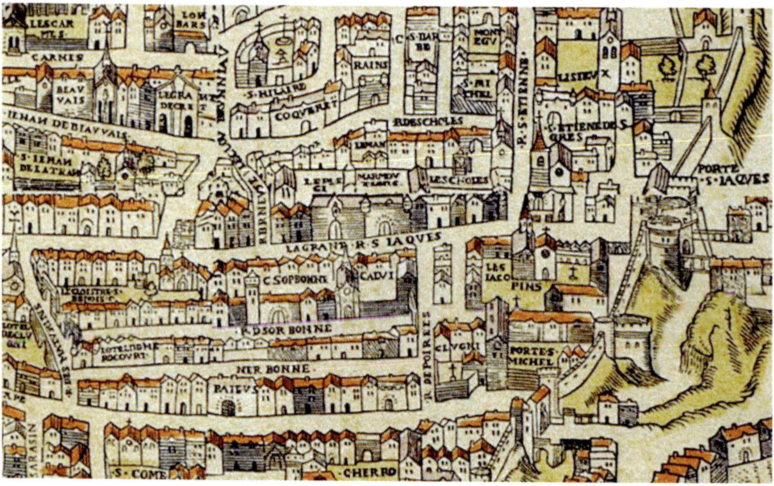

Au XIIe siècle, suivant l'exemple d'Abélard, les « écoliers » et leurs maîtres colonisent la rive gauche de la Seine, encore campagnarde. Ce sera le quartier Latin, cœur intellectuel du XIIIe siècle, attirant toute l'Europe. Les collèges s'y multiplient pour héberger les étudiants (ci-dessus, détail du plan dit « de Bâle », XIVe siècle).

Tel est d'ailleurs le sens premier d'université : une communauté, une assemblée, une « compagnie » quelle qu'elle soit, religieuse, politique ou professionnelle. En 1215, le pape confirme la spécialisation du mot aux seuls professionnels du savoir : il désigne comme « université » la « corporation des maîtres et des écoliers de Paris », répartie en plusieurs facultés. En 1292, il précise que la licence – *licentia docendi*, permission d'enseigner – est un *jus ubique docendi*, un droit d'enseigner partout. Cela s'inscrit dans la logique universaliste de l'Église. Rome, de surcroît, se pose en ultime recours s'il y a conflit. Le pape, lointain,

Au XIIIe siècle, Évrard l'Allemand soupire. Pour les étudiants pauvres, Paris est un « marais avide de proies » où l'on vit souvent d'expédients. Venus de toute l'Europe dès l'adolescence, les « écoliers » sont indociles – tout comme leurs condisciples plus aisés. Les conflits se multiplient avec les bourgeois et la police royale. Mais le principe d'autonomie l'emporte. En 1200, Philippe Auguste accorde un premier privilège aux maîtres et aux étudiants (en haut) qui sera étendu en 1231 par Saint Louis, à la suite de bagarres et de grèves. Cette autonomie vaut pour les programmes savants comme pour la discipline interne. Elle est fermement soutenue par la papauté, garante de l'universalité face aux pouvoirs locaux (ci-dessous, les statuts de 1215).

contrebalance l'autorité toute proche des évêques locaux et des pouvoirs laïcs. Plus que jamais, l'Université médiévale sera pérégrine, voyageuse.

Forts de l'appui pontifical, les universitaires peuvent revendiquer leur monopole : celui des diplômes. Ils affirment également leur autonomie dans le fonctionnement interne de l'institution comme dans leurs relations externes avec les pouvoirs, qu'il s'agisse du pouvoir local (l'évêque, la commune) ou du pouvoir royal. À quoi s'ajoute – cela comptera – le droit de grève, avec interruption des cours, voire exil de l'Université hors les murs. En 1229, une bagarre oppose les étudiants aux sergents royaux : plusieurs écoliers sont tués. L'université de Paris interrompt ses enseignements. Elle se retire à Orléans et Angers. Durant deux ans, il n'y aura presque plus de cours à Paris. Le jeune Louis IX et sa mère, Blanche de Castille, négocieront.

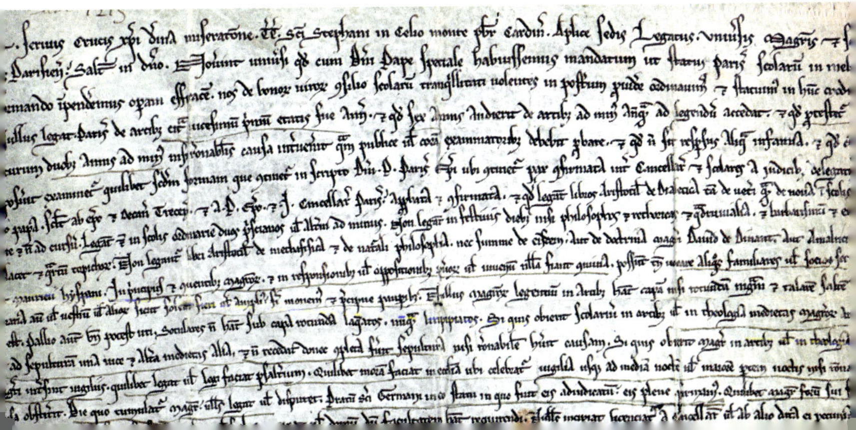

À compter de la fin du XIVe siècle, le métier de maître n'est plus celui d'un travailleur intellectuel, proche de l'artisanat, comme aux débuts de la corporation. La décoration des tombes de maîtres à l'université de Bologne (fin du XIVe-début du XVe siècle) témoigne d'un statut féodal : le juriste en chaire, tout comme ses auditeurs, appartient désormais à une caste puissante. Obtenant de l'Église des bénéfices toujours plus importants, les universitaires procèdent à des placements en maisons et terres. Ils spéculent et prêtent avec de forts intérêts aux étudiants pauvres. La gratuité des études, imposée par l'Église, est contournée : les maîtres perçoivent des cachets, des salaires d'examen, reçoivent des « cadeaux », etc. Portés à former une oligarchie, ils réservent l'accès au savoir à leurs enfants, frères, neveux, cousins. Cette fermeture sociale s'accompagne d'une sclérose intellectuelle, mais aussi d'une « aristocratisation » du savoir en dehors de l'Université. Les juristes de Bologne sont officiellement « nobles hommes et principaux citoyens ». L'étudiant appelle son maître « mon seigneur », comme le fait un vassal.

Bologne, en quelques décennies, a vécu la plupart des expériences qui marqueront les universités médiévales. Ce sont des étudiants, on l'a vu, qui prirent l'initiative de salarier et spécialiser leurs maîtres. Venus de diverses régions – bientôt, de pays lointains –, ils se regroupent selon leurs « nations » (Anglais, Allemands, Provençaux, Lombards, Toscans...) et se structurent en corps afin de mieux affirmer leur autonomie. Les étudiants bolonais prétendent ainsi gérer les heurts avec la population locale que suscite leur vie souvent turbulente, régler eux-mêmes leurs conflits internes, négocier avec les maîtres les enseignements dont ils ont besoin et refuser toute mainmise de la commune. C'est dire que les tensions internes ou externes ne manquent pas. Il y aura plusieurs départs volontaires de maîtres ou d'étudiants. L'université de Padoue naîtra, en 1222, d'une dissidence de celle de Bologne. Cambridge naquit en 1209, pour les mêmes raisons, d'une sécession d'Oxford.

À Paris, on connaît la contestation des goliards (fin du XIIe, début du XIIIe siècle), un mouvement

Attirés par les universités les plus prestigieuses, les étudiants s'y sont constitués en « nations » selon leur région ou leur pays d'origine (ci-contre, un registre des étudiants de la nation de Pologne et du grand-duché de Lituanie inscrits à Padoue). Malgré l'interdiction répétée – rarement respectée – du port d'armes, les affrontements groupes contre groupes étaient fréquents (ci-dessous, un maître bolonais du XIVe siècle tente de s'interposer entre des étudiants).

critique, truculent, voire « anarchiste », où se reconnaissent des étudiants et des clercs circulant dans toute l'Europe. Face à l'indiscipline, les maîtres de Paris et d'Oxford rompent avec l'exemple bolonais : ils subordonnent les étudiants à leur autorité. À l'exception de l'Italie, c'est ce modèle hiérarchique, plus autoritaire, qui prévaut en Europe.

Quelle formation à l'Université ?

Vers 1400, Paris compte sans doute près de 4 000 étudiants, Bologne entre 2 000 et 3 000. Toulouse, Avignon, Oxford ou Prague autour de 1 500 ou 2 000. Les autres universités n'excèdent pas quelques centaines. On y relève très peu de nobles – ils reçoivent une éducation privée. Issue des « classes moyennes », la majorité des étudiants ressemble aux habitants des villes. Ce sont de jeunes citadins plutôt aisés en quête de meilleurs revenus et de prestige. Avec eux, toutefois, quelques fils de paysans. Chose non négligeable, l'Université permet une ascension sociale.

Cette ascension repose sur une autre nouveauté : l'examen, dont seule la civilisation chinoise offre, à l'époque, un équivalent. Second levier social : la gratuité des études universitaires qu'impose l'Église, fidèle au principe évangélique. Sans l'avoir prémédité, l'Église affranchit de la sorte les maîtres de la pression à laquelle les soumettent leurs étudiants-employeurs. En compensation, elle assure aux professeurs le revenu de certains « bénéfices ». Cela contraint les maîtres à demeurer gens d'Église. Ils n'obtiendront le droit de se marier qu'au XVe siècle.

Autre effet secondaire imprévu : le monopole, l'autonomie et la gratuité accroissent peu à peu l'écart entre

Forts du droit qui leur était reconnu par Rome d'enseigner « en tous lieux », les maîtres se déplaçaient de ville en ville, comme leurs étudiants. Ainsi de Jean de Gerson (1363-1429, ci-dessous), théologien, prédicateur et chancelier de l'université de Paris. Sa carrière l'a mené à Bruges puis au concile de Constance (1415). Devenu indésirable à Paris, il voyage à travers le Saint Empire et se fixe, pour finir, à Lyon.

l'Université – cléricale, puissante, prestigieuse – et les écoles laïques. Que ces dernières puissent proposer une culture générale est impensable. On leur concède les seuls enseignements pratiques indispensables, notamment aux marchands : écriture, comptabilité, langues étrangères. De même, l'Université médiévale n'intégrera-t-elle pas dans les « arts » les premiers ingénieurs ni les architectes. « Ainsi s'élargissait, note Jacques Le Goff, le fossé entre culture générale et formation technique » – problème récurrent jusqu'à nos jours, notamment en France.

L'enseignement de base, celui de la faculté des arts, regroupe près des deux tiers des étudiants. Il dure six années (on y travaille de 14 à 20 ans). Au bout de deux années, le baccalauréat sanctionne l'acquisition d'un niveau suffisant pour procéder soi-même à certaines « lectures » et intervenir dans les « disputes » (les débats). On peut dès lors préparer la licence, examen difficile qui se passe devant un jury de maîtres. Si l'on veut véritablement enseigner, il faut ensuite donner une « leçon » d'apparat et présider une dispute solennelle. On obtient, de ce fait, la maîtrise (doctorat). La faculté de Médecine, quant à elle, prévoit un cursus de six ans après l'obtention de

Développement de l'artisanat et du commerce, mobilité croissante, échanges : la ville médiévale révolutionne dès lors la perception de l'aménagement de l'espace et de l'emploi du temps. Une catégorie sociale inédite apparaît : le marchand-banquier (ci-dessus, au XIVe siècle, le *banco*, le comptoir, où les marchands procèdent aux opérations de pesage et de change). La notion de profit, de crédit et de contrat se développe, accompagnée de jeux d'écritures sophistiqués. Si l'Université accueille, non sans réticences, une réflexion morale sur l'économie, elle se désintéresse de la théorie et, plus encore, de la formation pratique, abandonnée aux marchands.

la maîtrise ès arts, pour qui espère devenir licencié (docteur) en médecine. Quant à la théologie, elle exige jusqu'à quinze ans d'études après la maîtrise ès arts. Aussi est-il rare d'être reçu docteur dans cette discipline avant l'âge de 35 ans.

Victime de son succès

Grâce aux pérégrins, à la circulation des maîtres et aux réseaux d'anciens élèves disséminés aux quatre coins de l'Europe, le prestige des universités pousse les villes les plus dynamiques ou les nouveaux pouvoirs à se doter, eux aussi, de telles institutions. Ainsi de l'Espagne en pleine Reconquista ; ainsi de l'est et du nord de l'Europe. À la fin du XIIIe siècle, puis tout au long du XIVe, les universités se multiplient, mais se particularisent.

L'« Internationale » universitaire et chrétienne se fragmente. En 1337 se déclenche, en France, la guerre dite de Cent Ans. De 1378 à 1417, la papauté, protectrice des universités, s'affaiblit : c'est le Grand Schisme. L'Italie s'empêtre dans l'interminable conflit entre les guelfes et les gibelins.

À l'origine, il n'existait qu'un seul grade universitaire : la licence d'enseigner. Avec le développement des facultés apparut un niveau intermédiaire : celui du baccalauréat. Au bout de deux ans environ, le baccalauréat marquait la deuxième phase des études. Il se déroulait au niveau de la faculté des arts, quatre ans avant l'obtention de la licence et la possibilité de se présenter à la maîtrise (ou doctorat). Le plus souvent, le bachelier avait le droit de donner certains cours ou de procéder à des commentaires de textes (« lectures ») sous l'autorité du maître (ici, une école de droit au XIVe siècle).

L'Angleterre passe de la guerre de Cent Ans à celle des Deux-Roses (1455-1485). À quoi s'ajoutent les pestes et famines, dont la Peste noire (1348), qu'accompagne une spectaculaire chute démographique : entre 1328 et 1425, Paris passe de 213 000 à 100 000 habitants. La communication devient difficile. La pérégrination régresse.

Dès le départ, une contradiction s'esquissait entre le monopole local de chaque université et son caractère international. Désormais, l'ancrage national l'emporte, d'autant plus que l'autonomie externe est battue en brèche. Ainsi l'université de Prague, créée en 1347 par le pape Clément VI et le futur empereur germanique Charles IV, roi de Bohême, voit-elle les étudiants de la « nation » allemande s'opposer à ceux de la « nation » tchèque. En 1409, les Tchèques l'emportent. Les universitaires prêtent serment de fidélité à la couronne de Bohême. Les Allemands quittent Prague : ils fonderont l'université de Leipzig. Cette « nationalisation » est une première en Europe.

Faite prisonnière à Compiègne (24 mai 1430), Jeanne d'Arc fut livrée au duc de Bedford, régent du royaume de France au nom d'Henri VI d'Angleterre et de Philippe le Bon, duc de Bourgogne. Conseillé par Pierre Cauchon, évêque de Beauvais (le diocèse où se trouvait Compiègne) et par l'université de Paris, dont les élites étaient favorables aux Anglo-Bourguignons, Bedford fit du procès de Jeanne (ci-contre) une affaire exclusivement religieuse. Elle tombait de ce fait sous la coupe des docteurs de l'Université qui avaient un pouvoir judiciaire en matière de théologie. Cauchon était licencié de l'université de Paris dont il fut recteur. Peu avant de mourir, il légua ses biens aux « pauvres écoliers », comme beaucoup de personnes fortunées. Les collèges vivaient de ces legs.

Crise, également, à Paris. Quittée par les étudiants de plusieurs « nations » pour cause de guerre, l'Université choisit le camp bourguignon, pro-anglais. Disposant d'un pouvoir judiciaire, ses théologiens organisent le procès de Jeanne d'Arc. L'Université annonce fièrement le verdict au roi d'Angleterre. Lorsque la situation se retourne, Charles VII – qui s'était appuyé, à Bourges, sur la toute neuve université de Poitiers – met au pas l'institution parisienne. Elle perd son autonomie et passe en 1446 sous le contrôle du Parlement. Au terme d'autres humiliations, elle se voit sévèrement réformée par Louis XII. Celui-ci dénonce l'indiscipline des étudiants, la corruption des examens, la vénalité des professeurs… Après de violents troubles au quartier Latin en mai-juin 1499, l'Université perd le droit de grève.

Les universités de Bologne, de Paris et d'Oxford se structurent entre 1180 et 1200. Le succès est immédiat. Les souverains ou les villes tirent de l'Université et des cadres qu'elle leur fournit prestige et pouvoir. En témoignent les sceaux des universités de Salamanque (1218), de Paris, placée sous la protection de Marie – l'*Alma Mater*, la mère nourricière –, mais aussi de Leipzig (1409), Glasgow (1451), Oxford et Cambridge (1209) [de gauche à droite et de haut en bas].

Naissance de l'anti-intellectualisme

Ce déclin de l'Université répond à l'effritement de la notion de chrétienté, soumise à de fortes tensions centrifuges, religieuses et sociales. Les villes, elles-mêmes, traversent des temps difficiles : chute démographique et déclassement d'une partie de la population. Les « perdants » reviennent aux conditions de la vie paysanne, désormais tenue pour méprisable – surtout lorsque l'on dispose d'une culture urbaine. Quant aux « gagnants », ce sont ceux qui ont le mieux verrouillé leur monopole : à l'Université comme

Tous deux passés par Bologne, Pétrarque (1304-1374, à gauche sur ce tableau du peintre et historien de l'art Giorgio Vasari) et Dante Alighieri (1265-1321, à droite) témoignent du « *dolce stil nuovo* ». Ils sont conscients de vivre des temps de rupture. Platon – tenu pour poète et mystique – l'emporte sur Aristote et la scolastique. L'« intellectuel » médiéval s'efface devant l'humaniste de la Renaissance.

dans les autres corporations, les maîtres contrôlent de près l'apprentissage et réglementent toujours plus étroitement l'accès au métier, au détriment de ceux qui n'ont pas d'indépendance économique. Le clerc médiéval est dévalué. En témoigne la révolte de l'étudiant François Villon.

Indéniablement, la sclérose était perceptible. La méthode scolastique, féconde aux grandes heures du XIIIe siècle, ne parvient plus à se renouveler ou à s'adapter, surtout à Paris et à Oxford. En Italie, les choses évoluent grâce aux traditions propres à l'histoire de Bologne et de Padoue, sa rivale. C'est à Bologne, de 1320 à 1326, que Pétrarque – le « père de l'humanisme », selon Ernest Renan – fait ses études. L'Université médiévale italienne accueille plus aisément que ses sœurs d'Europe la nouvelle sensibilité, nourrie de philologie – l'amour des belles-lettres, de l'érudition et de la critique des textes. Il s'agit d'établir un texte correct ; d'expliquer les mots et les choses devenus incompréhensibles ; de s'informer sur l'auteur et les circonstances qui présidèrent à l'apparition de l'œuvre ; de formuler, enfin, un jugement qualitatif sur celle-ci. Et pas forcément un jugement d'autorité. L'humanisme est porté à la critique des sources, à l'histoire, au concret. Prompt à s'affranchir des grands systèmes abstraits, intemporels et universels, il trouve mal sa place dans l'Université devenue rigide. À Paris, Bruges et Lyon, Jean de Gerson s'en accommodera. Deux générations plus tard, Thomas More (formé à Oxford) et son ami Érasme (formé à Paris) éprouveront envers elle, l'un des sentiments mitigés, l'autre, franchement hostiles.

En revanche, on accueille volontiers l'humaniste dans les cercles privés ou les milieux de la nouvelle puissance économique et politique : ceux du prince dont Machiavel fait, a posteriori, l'analyse en 1513. Princes temporels, princes de l'Église, mécènes, protecteurs, courtisans... « L'humaniste est profondément anti-intellectualiste, note Jacques Le Goff. Il est plus littéraire que scientifique, plus fidéiste que rationaliste. Au couple dialectique-scolastique, il oppose pour le lui substituer le couple philologie-rhétorique. » L'humanisme joue Platon, le dialogue, la mystique et la poésie, tandis que l'Aristote des scolastiques se voit rejeté du côté du raisonnement vétilleux, de la science métaphysique et de la fastidieuse démonstration. Éclairé mais élitaire, libérateur mais aristocratique, l'humanisme ouvre des temps nouveaux. Ceux-ci seront durs pour l'Université.

Ancien élève du collège Montaigu (Paris), Érasme de Rotterdam (v. 1469-1536, ci-dessous) s'insurgea contre la scolastique. Précepteur en Angleterre, il se lia d'amitié avec Thomas More (1478-1535, en bas), ancien d'Oxford.

Ils traduisirent certains *Dialogues* de Lucien. Érasme poursuivit sa vie pérégrine en Italie, où il apprit le grec, qu'il enseigna à Cambridge. Il composa l'*Éloge de la folie*, dédié à Thomas More. Celui-ci, malgré ses hautes fonctions politiques, écrivit l'*Utopie*. Partisans d'une réforme de l'Église, tous deux désapprouvaient néanmoins Luther. Thomas More fut exécuté par Henri VIII, dont il refusait le divorce, puis canonisé par l'Église catholique.

Enjeu de pouvoir, l'Université garde mal son universalité dans une Europe qui cesse de s'identifier à la « chrétienté ». Critiqués par les humanistes, qui préfèrent le mécénat du Prince, le cadre et les méthodes de la scolastique se sclérosent. La Réforme protestante puis la Réforme catholique reconstruisent chacune un modèle, tandis que les troubles religieux et politiques ravagent le continent, jusqu'à l'équilibre fragile des Lumières. Celles-ci, toutefois, brillent en dehors des facultés.

CHAPITRE 2

DANS UNE EUROPE MORCELÉE

L'Université médiévale fédérait de nombreux « collèges », où logeaient surtout des boursiers. Liée à la forme originale de l'anglicanisme, l'Angleterre de la Renaissance systématisa cette pratique (page de gauche, Saint John's College, Cambridge, 1675). Toutefois, l'élite juridique et théologique doit servir le souverain : au sommet des Actes de l'université d'Uppsala (1641-1646, ci-contre) se trouve ainsi Gustave II Adolphe, roi de Suède.

En 1527 s'ouvre à Marburg (Allemagne) la première université protestante. À peine six ans ont passé depuis la rupture définitive de Luther avec Rome et son excommunication (1521). L'empereur Charles Quint a, certes, donné son autorisation, mais le landgrave Philippe de Hesse, fondateur de l'institution, est l'un des plus influents soutiens de la Réforme : pour la première fois le pape ne bénit pas un établissement nouveau.

Trois ans plus tard, en mars 1530, François Ier répond aux demandes répétées de Guillaume Budé, diplomate et juriste en délicatesse avec la Sorbonne : il fonde à Paris la « noble et trilingue académie » des lecteurs royaux, futur Collège de France, où le grec et l'hébreu rivalisent avec le latin. Pensionnés par le roi, les humanistes y enseignent librement philologie, philosophie, théologie avec de nouvelles méthodes. L'université de Paris réplique. Elle obtient que le Collège ne puisse conférer de grades, ce qui fera du Collège royal un lieu de pur savoir, désintéressé. La rupture n'en est pas moins significative : l'État suscite

Les universités (ici en 1500) se multiplient au XVIe siècle, au rythme des États concurrents et des confessions.

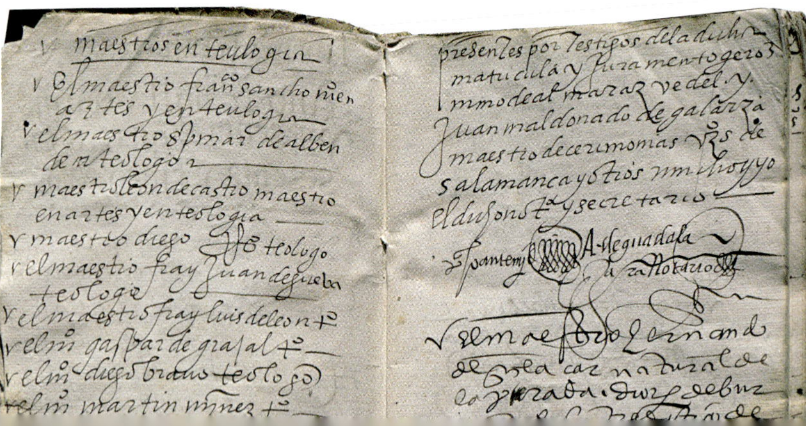

Célèbre dès le XIIe siècle, Salamanque fut l'un des centres qui inspira les premiers établissements supérieurs d'Amérique (ici, le registre des maîtres en 1564 et, à droite, un étudiant).

un enseignement supérieur non universitaire. Cela ne cessera plus au long des XVIe-XVIIIe siècles.

Des universités au service des États

Pour se concilier les maîtres, François Ier accorde, en 1533, la chevalerie aux docteurs de l'Université, avec le titre et les droits afférents. Preuve s'il le fallait que les universitaires ne se considèrent plus comme des travailleurs « artisans ». Ils sont au service de l'État, pour lequel ils forment des cadres et un clergé. Même en pays catholique, les liens avec Rome se distendent.

Le morcellement gagne en quelques décennies l'ensemble de l'Europe, notamment les terres de la Réforme. Entre 1500 et 1600, plus de soixante-dix universités seront créées en Espagne, en France, en Allemagne, sur les territoires habsbourgeois, dans les Provinces-Unies, en Suisse et dans une bonne part de l'Italie – partout où se ressent le besoin de former des élites autonomes, liées au territoire et à son souverain. Les facultés de droit et de théologie en tirent avantage, tandis que les facultés des arts trouvent malaisément leurs repères.

Fondée en 1477, l'université de Tübingen doit sa célébrité aux enseignements de Melanchthon (1497-1560), le premier théologien de la Réforme luthérienne (ci-dessous, la Hörsaal, l'« amphithéâtre », en 1600).

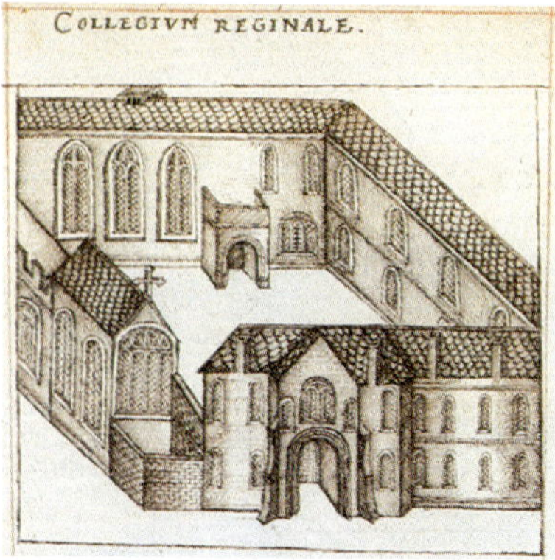

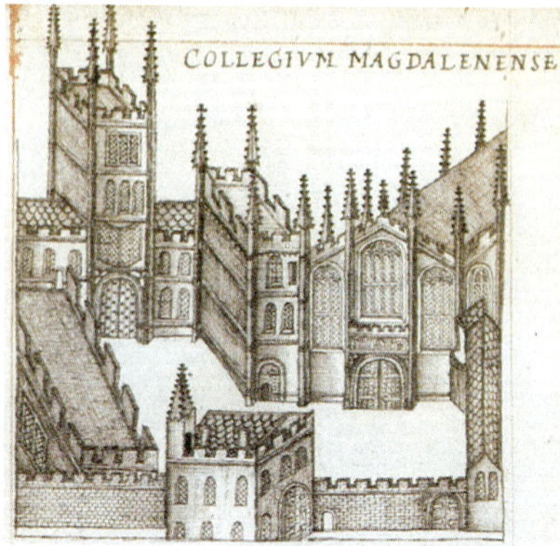

Collèges et *colleges*

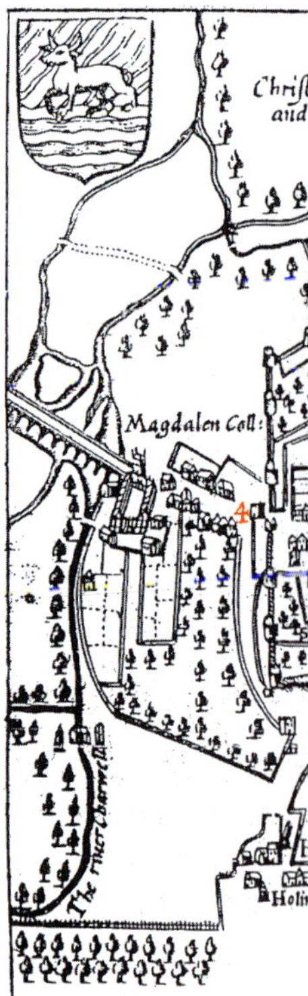

Si les créations sont nombreuses dans l'Europe du Nord, où luthériens, calvinistes et autres réformés s'organisent et structurent les élites bourgeoises, il ne faut pas négliger la vitalité « romaine ». Une Réforme catholique très militante répond à la Réforme protestante dans les zones de contact avec sa rivale et sur les frontières avec l'Islam (Empire ottoman, Maghreb). À cette nouvelle « reconquête », s'ajoute en Espagne un fort besoin de cadres. Le pays est devenu une puissance mondiale, jusque dans le Nouveau Monde. Les universités de Salamanque et d'Alcalá inspirent, dès le XVIe siècle, les premiers établissements d'Amérique : Saint-Domingue (1538), Lima et Mexico (1551). Il faut attendre 1636 pour que le puritain John Harvard installe à Cambridge (Massachusetts) la plus ancienne université d'Amérique du Nord – cette fois, sur le modèle des *colleges* anglais. Par la suite, les collèges tireront mieux leur épingle du jeu que les facultés, surtout lorsque se confirmera l'ascendant des Lumières, hostiles à l'Université.

À l'origine, un collège est un internat pour boursiers. Le fondateur l'a doté d'un patrimoine en veillant à ce que les élèves soient préparés aux examens de la faculté tout en recevant une formation morale et religieuse. Des professeurs et tuteurs sont directement rattachés aux collèges, qui disposent souvent d'importantes bibliothèques. À Oxford et Cambridge, les *colleges* et leur pédagogie prennent un essor particulier à l'intérieur des facultés lorsque l'Église anglicane et la monarchie se séparent de Rome. Newton sera l'illustration de Trinity College, à Cambridge.

Au fil des années 1550, les études que nous nommons « secondaires » commencent à se distinguer des études supérieures, avec lesquelles elles se trouvent encore confondues dans la faculté des arts.

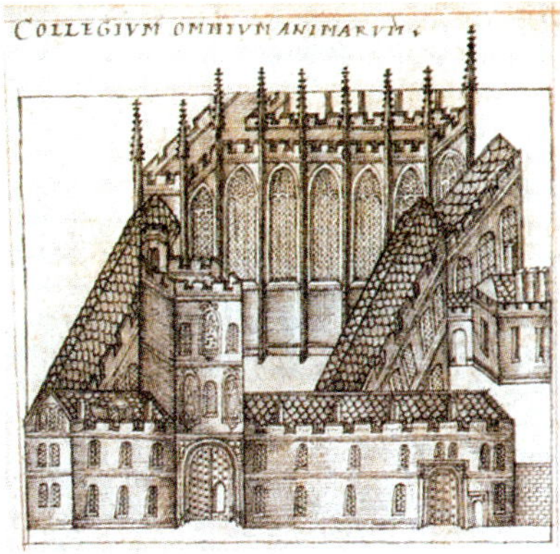

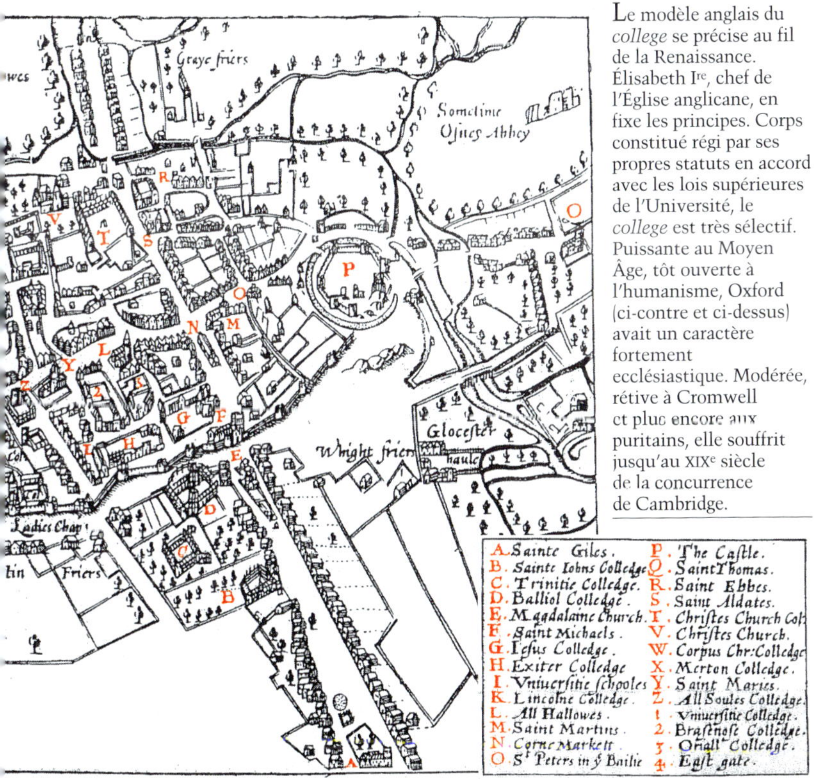

Le modèle anglais du *college* se précise au fil de la Renaissance. Élisabeth Ire, chef de l'Église anglicane, en fixe les principes. Corps constitué régi par ses propres statuts en accord avec les lois supérieures de l'Université, le *college* est très sélectif. Puissante au Moyen Âge, tôt ouverte à l'humanisme, Oxford (ci-contre et ci-dessus) avait un caractère fortement ecclésiastique. Modérée, rétive à Cromwell et plus encore aux puritains, elle souffrit jusqu'au XIXe siècle de la concurrence de Cambridge.

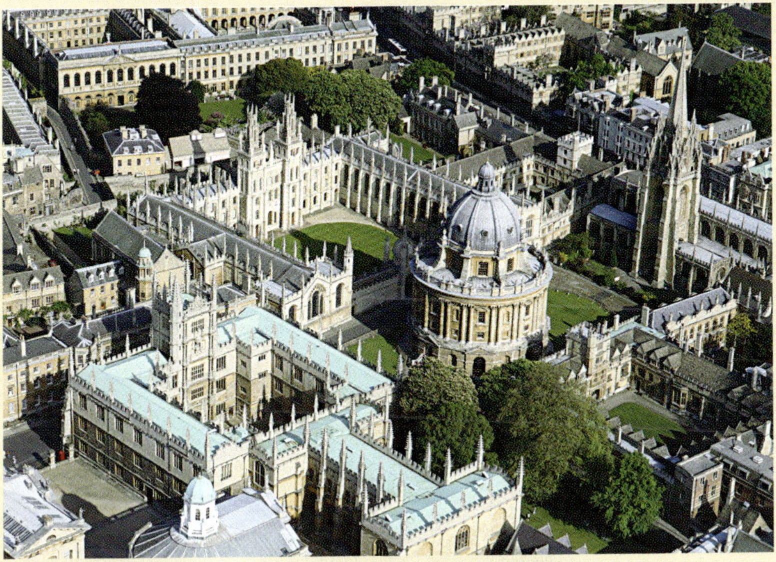

Fondée au XIIIe siècle, l'université de Salamanque (page de gauche) fut l'une des premières à naître d'une volonté politique. Liée à l'affirmation de la monarchie espagnole en pleine « reconquête », elle fournit à l'administration du Siècle d'Or la plupart de ses cadres. De même Oxford (ci-dessus, vue aérienne avec le All Souls College au centre) fut-elle au cœur de l'anglicanisme indissociable de la monarchie britannique. Coimbra (ci-contre), fondée en 1307, fut jusqu'en 1911 la seule université du Portugal.

Les Jésuites – la Compagnie de Jésus est fondée le 15 août 1534 – comprennent rapidement l'importance des méthodes du Collège de France aussi bien que les vertus d'un bon encadrement des futurs bacheliers, c'est-à-dire des plus jeunes élèves de la faculté des arts. La première université jésuite ouvre à Gandie, au sud de Valence (Espagne) en 1547. En 1551, c'est le tour du très important Collège romain, future Université grégorienne de Rome.

D'autres ordres religieux suivent l'exemple des Jésuites. Ces derniers concentrent toutefois sur eux la résistance des universités – et des universitaires –, qui s'inquiètent de leur dynamique « entriste ». Directement liés au pape, ils entretiennent des relations souvent orageuses avec le pouvoir. Ils se distinguent en revalorisant, dans leurs nombreux collèges, les mathématiques et les futures sciences exactes. Descartes bénéficie de leur éducation à La Flèche. Un effort comparable est fourni par les académies d'enseignement protestantes en Suisse, les gymnases académiques en Allemagne ou les écoles illustres dans les Provinces-Unies.

Ces rénovations vident les facultés des arts d'une part de leur substance, d'autant plus que le concile de Trente (1545-1563) favorise désormais la formation des prêtres dans les séminaires. Ces nouveaux lieux d'enseignement empiètent sur les facultés des arts et de théologie, même si celles-ci continuent à décerner licences et doctorats. Cela compte lorsque l'on sait que les carrières ecclésiastiques restent l'un des principaux débouchés de sociétés dans lesquelles l'Église « couvre » de nombreux métiers et fonctions.

Dès sa fondation, la Compagnie de Jésus se lance dans un ambitieux programme pédagogique, réformant profondément l'ancienne structure du collège, ainsi de La Flèche, dans la Sarthe (ci-dessus). À Prague, ils créent d'abord une académie avant que Ferdinand II (ci-dessous, son confesseur) leur confie l'université.

L'Université hors jeu

Ancien élève de la Sorbonne, Richelieu la prit sous son contrôle en 1622, et en fit rénover les bâtiments. Le cardinal fonda aussi l'Académie française, soucieux de maîtriser également les nouvelles filières intellectuelles.

Jusqu'au milieu du XVIIe siècle, les universités ne se trouvent donc pas en si mauvaise posture, malgré une indéniable perte de prestige depuis le triomphe de l'humanisme et de son « aristocratie » culturelle liée aux Cours, voire aux salons. En témoigne l'importance donnée par Richelieu à la Sorbonne, dont il fut diplômé et « proviseur » avant de la reconstruire entièrement (1627-1642).

Toutefois, le succès des collèges et le développement de nouvelles disciplines « techniques », correspondant à de nouvelles professions, menacent l'institution médiévale. L'Université savait accueillir de futurs médecins, juristes, avocats, professeurs, prêtres (ou pasteurs). Elle peine désormais à explorer le champ de l'économie et plus encore celui des sciences, comme le montre le débat européen autour de Descartes, au lendemain de sa mort (1650). Elle se heurte aussi à l'autoritarisme croissant des

David et Jonathas de M. A. Charpentier, composé pour le collège Louis-le-Grand (1688), est caractéristique du projet « audiovisuel » de l'enseignement jésuite.

théologies – réformées ou non – dans leurs rapports avec la philosophie.

En 1648, les traités de Westphalie concluent la guerre de Trente Ans qui avait dressé les uns contre les autres les États d'Europe du Nord et d'Europe centrale. Mise à mal par la cassure de la vieille chrétienté et l'émergence des langues nationales, la pérégrination étudiante – devenue le « Grand Tour » – se voit réservée à l'élite, aux membres de la république des lettres et à la petite internationale des savants.

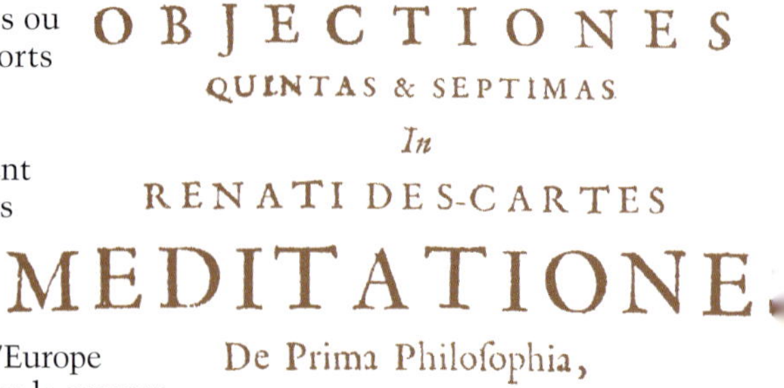
OBJECTIONES
QUINTAS & SEPTIMAS
In
RENATI DES-CARTES
MEDITATIONE
De Prima Philoſophia,

Élève des Jésuites, Descartes (1596-1650) reçut d'eux sa formation en mathématiques, mais aussi dans l'art de la politique de cour. Ses *Méditations métaphysiques* (1641) suscitèrent l'opposition de plusieurs universités européennes. De même, *L'Homme de cour* (1647) du jésuite Baltasar Gracián (1601-1658) choqua-t-il par sa stratégie de « la raison, de la prudence et de la politesse » (ci-dessous, une discussion de ses thèses par l'université de Leipzig).

Jusqu'à la fin des Lumières, la science et la pensée se développent dans les sociétés savantes, les académies et les salons, ou ces autres lieux de mécénat que sont le cabinet de curiosités, la bibliothèque et le laboratoire des « amateurs ». Des facultés supérieures, seules celles de droit et de médecine semblent tirer leur épingle du jeu – encore la Médecine, farouchement attachée aux Anciens, se voit-elle bousculée par des institutions nouvelles dont elle doit tenir compte. Si Padoue et Montpellier brillent toujours, la faculté parisienne se fossilise. Pour contourner l'obstacle, Louis XIV favorise de nouveaux enseignements au Jardin du Roi – le Jardin des Plantes. C'est là que se développent des recherches prometteuses en pharmacie, mais aussi en anatomie, voire en chirurgie.

En 1666, Gottfried Wilhelm Leibniz (*De arte combinatoria*, traité sur la combinatoire et le raisonnement) défend une nouvelle conception de la science et du savoir. On doit non pas seulement envisager les sciences

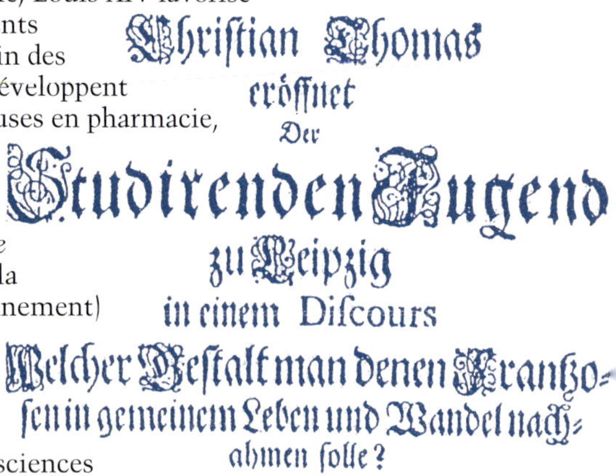
Chriſtian Thomas
eröffnet
Der
Studirenden Jugend
zu Leipzig
in einem Diſcours
Welcher Geſtalt man denen Frantzo-
ſen in gemeinem Leben und Wandel nach-
ahmen ſolle?

« en soi et pour soi » – de façon théorique –, mais aussi du point de vue pratique, « du point de vue de l'application ». Le philosophe joint le geste à la parole : il consacre une large part de son temps à créer des académies scientifiques en dehors des universités. Dans toute l'Europe savante – plus encore dans l'Europe du Nord – s'impose le thème des « sciences productives et utiles ».

« Le mystère du siècle qui commence par refuser le mystère, c'est la connaissance. »
Pierre Chaunu

Au début du XVIIIe siècle, le comte Marsigli créa, en dehors de l'Université, l'Académie des sciences de l'Institut de Bologne. La visite en 1739 d'un jeune prince, Frédéric-Christian de Saxe (ci-dessus), permet aux savants de déployer le programme des Lumières : de l'anatomie à l'art militaire, en passant par la géographie, les beaux-arts, la physique…

Londres avait depuis 1662 sa Royal Academy. L'année même où Leibnitz publie *De arte combinatoria*, Louis XIV institue l'Académie des sciences : celle-ci avait été précédée par l'Académie française (1635) et l'Académie des Inscriptions et Médailles (1663), ce qui retirait à l'Université des personnalités influentes et ouvrait, en dehors d'elle, des lieux de savoirs nouveaux. Suivent les Ponts et Chaussées (1747), puis l'École du Génie (1749) à Mézières, et d'autres encore : les Écoles vétérinaires (1762-1766), l'École des Mines (1783)… Si bien que, rapidement, les grandes écoles font directement concurrence à l'Université.

Au XVIIIe siècle, les idées bouillonnent dans les salons et les cafés plus qu'à la vieille Sorbonne : ci-dessus, le Café Procope, cher à Voltaire et Diderot autant qu'aux révolutionnaires.

Impossibles réformes

Rognée à sa base par l'enseignement secondaire, et à son sommet par les filières non universitaires d'enseignement supérieur, l'Université connaît de nombreux plans de réforme. Peu seront mis en œuvre. Parmi les réussites, la plus frappante est celle de l'université de Göttingen fondée en 1737 par le ministre d'État de Hanovre. Gerlach Adolph von Münchhausen répond ainsi à la crise qui frappe déjà les nombreux établissements germaniques, trop éparpillés et, le plus souvent, repliés sur la politique confessionnelle des États. La réforme de Göttingen touche les contenus. Le ministre réduit l'importance de la théologie et de la médecine. Il favorise le droit (les métiers d'État) et la philosophie. Celle-ci réunit, au-delà de ses contenus propres, la psychologie, la politique, la physique, l'histoire naturelle, les mathématiques appliquées (art militaire, architecture), la géographie et la diplomatique (critique des textes et documents) ! À quoi s'ajoutent une bibliothèque considérable, une Académie des sciences et un journal savant.

Göttingen contraste avec les autres universités. Conçue pour l'élite, elle attire au prix fort les fils nobles ou de familles riches. Son modèle ne peut se transposer à l'ensemble de ses rivales. En Allemagne comme ailleurs, la plupart des établissements, boudés par les classes supérieures, se ferment néanmoins à ceux qui rêvent d'ascension sociale et leurs diplômes ne garantissent guère la réussite. Ainsi se développe en France une « bohème littéraire » dans laquelle échouent les déçus de l'Université : licenciés ou non, ces jeunes gens sont dans l'impasse. Les carrières se font ailleurs.

On retrouvera ces « Rousseau des ruisseaux », comme les surnommait Restif de La Bretonne, dans le bouillonnement intellectuel de la Révolution. Aucun des projets d'universités nouvelles conçus par Diderot, Condorcet et d'autres philosophes ne pourront s'appliquer. La société d'Ancien Régime est une société bloquée.

Près de la moitié des universités allemandes ferment entre 1792 et 1818 (en 1800, il y avait trente-huit étudiants à Duisburg et quarante-trois à Erfurt). La situation des vingt-deux universités françaises n'est pas meilleure à la fin du XVIIIe siècle, exception faite des mille cinq cents étudiants des trois facultés supérieures de Paris : trente étudiants en droit à Angers, dix-huit étudiants en médecine à Caen, vingt étudiants à la faculté des arts de Douai... Le 15 septembre 1793, la Convention abolit les universités « sur toute la surface de la République ». La décision ne suscita pas d'émotion particulière. On avait, il est vrai, d'autres soucis.

La bibliothèque flambant neuve de Göttingen (ci-dessous, en 1750) contraste avec les rituels vieillots des universitaires, ici caricaturés par Hogarth (1736).

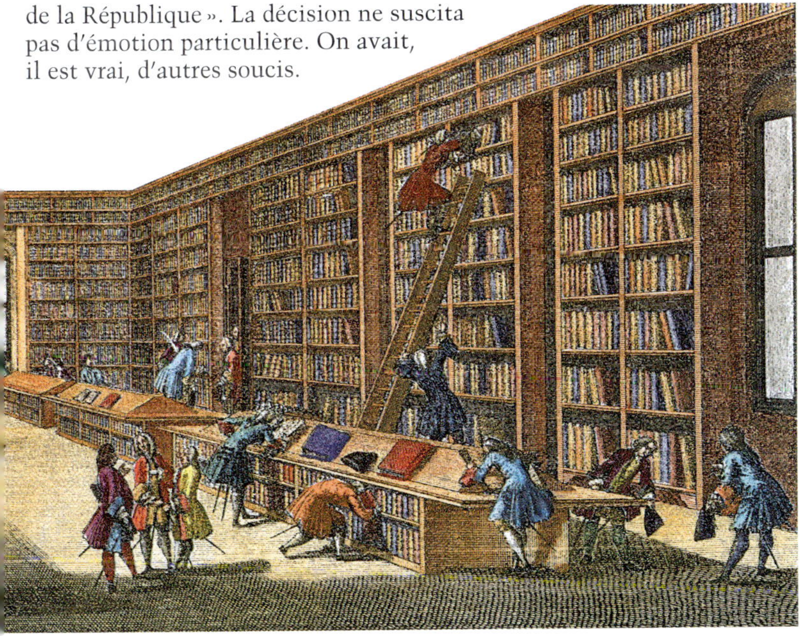

die Edelfreien
Erire Francono Erbi
Vieh war das älteste Geld
BRAND

Abolie par la Révolution, l'Université devient, contre toute attente, une idée neuve en Europe dès le début du XIXe siècle. Napoléon instaure en 1808 l'Université impériale. En 1810, Wilhelm von Humboldt fonde l'université de Berlin. En 1836, lord Melbourne institue l'université de Londres. De 1854 à 1856, Oxford et Cambridge se réforment. Le mouvement touche l'ensemble du Vieux Continent, mais aussi les États-Unis, qui s'inspirent de l'Angleterre et de l'Allemagne.

CHAPITRE 3

LA REFONDATION

Fondateur de la philologie allemande, coauteur avec son frère des fameux *Contes*, Jacob Grimm (1785-1863, page de gauche) enthousiasma les étudiants de Göttingen par ses cours sur le langage. L'Allemagne originelle, l'identité nationale et la liberté sont le socle des influentes associations estudiantines dont les journaux relaient l'action politique (ci-contre, à Berlin, 1904).

La France voit double

Avec l'Université impériale, Napoléon s'est contenté de rétablir le mot. Il donne, certes, à l'Université une connotation nouvelle d'« universalité », mais sans se départir de sa tendance à entendre celle-ci comme uniformisation.

Le décret de mai 1808 nomme « Université » l'ensemble de « l'enseignement et de l'éducation physique dans tout l'Empire ». Il s'agit d'un bloc centralisé qui remonte du primaire jusqu'au supérieur. Les facultés des lettres et des sciences forment essentiellement des enseignants du lycée. Elles n'ont pas vocation à la recherche, ni à l'exploration du savoir. En dehors d'elles continuent de se développer, hors l'Université, les grands établissements et autres écoles spéciales caractéristiques de la France depuis le temps de Richelieu. Il faudra attendre la loi du 10 juillet 1896 pour qu'une véritable Université réapparaisse, près de cent ans après le trait de plume de 1793.

Durant le XIXe siècle, la France voit double en matière d'enseignement supérieur : en dépit des tentatives de réaménagement au cours des années 1830 puis 1850 et 1860, il y aura toujours

Alors que la Prusse – qu'il avait humiliée par la victoire d'Iéna (1806) – élabore un projet audacieux, Napoléon préfère le volontarisme autoritaire. Il s'efforce d'imposer ce modèle (page de droite, extraits de la fondation de l'Université impériale) aux territoires du Grand Empire sous administration française : l'Italie (en bas), la Belgique et les Pays-Bas perdent de nombreuses universités anciennes.

PROSPETTO

DE' SIGNORI PROFESSORI, E DEGL' IMPIEGATI NELLA REGIA UNIVERSITA' DI BOLOGNA

PER L'ANNO SCOLASTICO MDCCCIX. E MDCCCX. V. E VI. DEL REGNO DI

NAPOLEONE IL GRANDE

SUO RISTORATORE

REGGENTE MAGNIFICO

IL SIGNOR DOTTORE ALESSANDRO MORESCHI PROFESSORE DI ANATOMIA UMANA, CAVALIERE DELL' ORDINE DELLA CORONA DI FERRO, PRESIDENTE DELLA DIREZIONE DI POLIZIA MEDICA, E DIRETTORE DEL GABINETTO ANATOMICO.

VICE REGGENTE

IL SIGNOR DOTTORE GIUSEPPE VENTUROLI PROFESSORE DI MATEMATICA APPLICATA, MEMBRO DEL COLLEGIO ELETTORALE DEI DOTTI.

DECANI

IL SIG. DOTT. GIUSEPPE VENTUROLI.

PER LA FACOLTÀ FISICO-MATEMATICA

Prof. di Matematica Applicata Sig. Dott. Giuseppe Venturoli Vice Reggente, e Decano suddetto.

IL SIG. DOTT ANTONIO GIUSEPPE TESTA PROFESSORE DI CLINICA MEDICA, MEMBRO DELL' ISTITUTO NAZIONALE, E VICE PRESIDENTE DELLA DIREZIONE DI POLIZIA MEDICA

PER LA FACOLTA' MEDICA

IL SIG. AVVOCATO ANTONIO BERTACCINI PROFESSORE DI DIRITTO CIVILE, E CODICE NAPOLEONE, MEMBRO DEL COLLEGIO ELETTORALE DEI DOTTI.

PER LA FACOLTA' LEGALE

Prof. di Diritto Civile comparato al Codice Napoleone Sig. Avvocato Antonio Bertaccini suddetto.

Organisation générale de l'Université.

ART. 1.er L'enseignement public, dans tout l'Empire, est confié exclusivement à l'Université.

juxtaposition de « facultés » réduites à elles-mêmes et de grandes écoles sélectives et spécialisées. S'il existe une « obsession allemande de la pensée française » (Jacques Le Rider), pour autant, nul projet comparable à celui de Humboldt n'est proposé. Ce dédoublement français se croise d'une « hyperconcentration parisienne » (Christophe Charle). Le prestige des facultés de droit et de médecine, la puissance des Grandes écoles drainent de toute la France vers la capitale les étudiants que Maurice Barrès décrira en 1897 comme les « déracinés » : à la fois humiliés socialement mais libérés du carcan provincial, ils s'entassent de façon précaire au quartier Latin, principal foyer d'agitation politique avec sa propension aux barricades et aux sociétés secrètes (révolutions de 1830 et 1848).

2. Aucune école, aucun établissement quelconque d'instruction ne peut être formé hors de l'Université impériale, et sans l'autorisation de son chef.

L'Allemagne : rompre avec la « forme gothique »

À l'inverse, en ces mêmes années 1800, Wilhem von Humboldt fonde l'université de Berlin. Il la conçoit comme une « réunion des savoirs ». Le mot lui-même ne désigne plus une corporation. Le philosophe Alain Renaut résume le retournement : « Le terme d'université s'applique désormais à une réunion systématique des divers domaines de la connaissance et des sciences qui leur correspondent. Le concept d'université implique que du multiple ou du divers se tourne vers l'unité. »

Dans la première moitié du siècle, les étudiants parisiens entretiennent un foyer d'agitation, portés par les idéologies libérales et révolutionnaires. En 1830, comme en 1848, ils sont nombreux sur les barricades ou dans les sociétés secrètes. Les mouvements européens s'en inspirent. Après l'échec de la IIe République, toutefois, ils n'adoptent ni le modèle des associations allemandes ni celui des solidarités amicales anglaises (club d'anciens, etc.). Avec les artistes, ils partagent désormais la « bohème », qui se veut vagabonde et hostile au bourgeois. Après George Sand et Balzac, c'est Henri Murger qui en fixe l'image dans *Scènes de la vie de bohème* (1847-1848), ce dont témoigne cet étudiant dans sa mansarde (page de gauche). Plus tard, Puccini tirera du roman et de la pièce de Murger son opéra *La Bohème* (1896).

3. Nul ne peut ouvrir d'école, ni enseigner publiquement, sans être membre de l'Université impériale, et gradué par l'une de ses facultés. Néanmoins l'instruction dans les

Éclatée en duchés, royaumes et principautés jusqu'à la proclamation du IIe Reich en 1871, l'Allemagne garde un mauvais souvenir de la centralisation française. L'autonomie, propre à l'Université, s'y épanouira d'autant mieux. C'est pratiquement le seul héritage médiéval dont se réclame Humboldt. Ancien étudiant de Göttingen, témoin de la Révolution à Paris, diplomate, ami de Goethe et de Mme de Staël, il désire participer au ressaisissement de l'État prussien, dont l'administration et l'armée – ses deux piliers – se sont effondrées face à Napoléon. Responsable de l'Instruction publique, il décide de rompre avec la « forme gothique » des anciennes universités, selon la formule du théologien protestant Friedrich Schleiermacher. Avec le philosophe Johann Gottlieb Fichte, admirateur de Kant et inspirateur de Hegel, celui-ci fut l'un des principaux animateurs du débat qui prépara, dès 1802, la création de l'université berlinoise.

Humboldt résume sa conviction dans une expression célèbre : « la formation par le savoir » : *Bildung durch Wissenschaft*. On y trouve un mot-clé, *Bildung* (formation), essentiel dans la culture allemande puis européenne durant le « grand

Pour célébrer Goethe, les grandes figures de l'Allemagne nouvelle sont réunies à Weimar en 1803. On peut voir Humboldt (1767-1835) et Schleiermacher (1768-1834), deux des principaux inspirateurs de la réforme berlinoise. L'université de Berlin fut le symbole de la Prusse ressuscitée (ci-dessous, en 1840).

XIXe siècle », celui qui s'étend de 1789 jusqu'à 1918, de Goethe (1749-1832) jusqu'à Romain Rolland (1866-1944). Selon ce principe, le savoir, indépendant de toute contrainte, forme l'esprit et la société. Tel est le nouvel idéal universitaire : on ne distingue pas recherche « pure » et recherche « utile » ; la valeur scientifique ne saurait être l'apanage des seules sciences exactes et vérifiables : mathématiques, physique, chimie, etc. La création de réunions par petits groupes, les séminaires, en complément des cours magistraux, favorise l'équilibre entre savoir et savoir-faire.

L'autonomie externe (face aux pouvoirs) et l'autonomie interne (entre les facultés) – chères au Moyen Âge – se prolongent dans l'autonomie de la science, méthode pour discerner et raisonner. Les universités concourent ainsi à « l'éducation morale de la nation ». Ce qui, jusqu'aux années 1860, n'implique pas le nationalisme.

Église culturelle de la *Bildung*, l'Université selon Humboldt prend le relais de l'Église médiévale : elle se pense européenne. La politique est à son service. Elle refuse de servir la politique. Plus tard, dans un contexte différent, Léon Gambetta concevra l'éducation républicaine en des termes analogues comme « l'éducation du suffrage universel ». Dans l'esprit de Humboldt et de ses héritiers, les diverses facultés sont liées

Deux diplômes de l'université de Berlin (1882). Jusqu'à nos jours, malgré les crises et la massification, l'Allemagne s'efforcera de rester fidèle au principe d'une « formation formatrice à un savoir » (Jürgen Habermas).

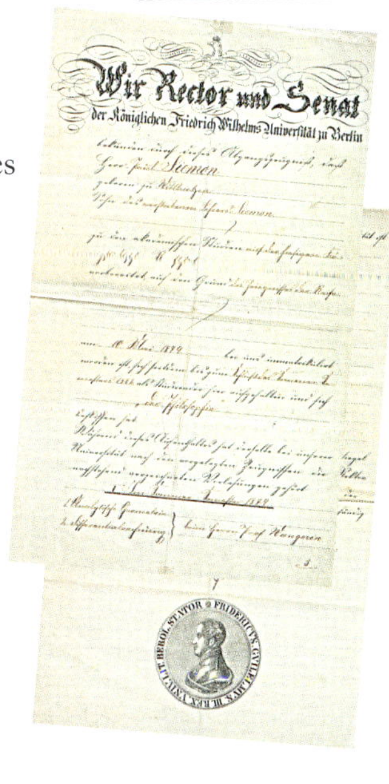

par une vision commune du savoir. Autonomes, elles ne s'unissent pas moins en « université » où l'ensemble des savoirs communiquent les uns avec les autres, administrés de façon cohérente : à Berlin, comme à Londres vingt ans plus tard, les lettres, le droit, la médecine et les sciences, y compris les sciences appliquées, sont universitaires. Au fil des ans, une réponse originale s'élabore : plutôt que de transférer à la seule philosophie l'hégémonie qui avait été celle de la « science sacrée », l'Allemagne crée un espace pour les « sciences de l'esprit » : nos actuelles sciences humaines. Celles-ci deviendront l'élément dynamique des facultés des lettres, égales en prestige aux méthodes physico-mathématiques des facultés des sciences.

Theodor Mommsen (1817-1903, ci-dessus), prix Nobel 1902, signa une *Histoire de Rome* qui reste une référence. Ses idées libérales lui valurent une carrière universitaire changeante (Leipzig, Zurich, Breslau, Berlin).

La tentation de la puissance

Au milieu du siècle – années 1840-1860 –, l'Université se trouve soumise à la poussée « patriotique », vive chez les étudiants en France, en Allemagne et dans la double monarchie austro-hongroise. Le nationalisme s'y confond avec l'affirmation démocratique et l'exigence de liberté, sans que les ambiguïtés soient levées. Dans l'Allemagne protestante, les catholiques et, plus encore, les Juifs souffrent de discriminations. En Hongrie, la « magyarisation » de l'enseignement supérieur se fait au détriment des germanophones. En France, l'esprit de revanche nationale se coulera, après 1870, dans la contestation populiste des élites et du conformisme. Il se fédère à l'antisémitisme lors de l'affaire Dreyfus.

Parallèlement aux nationalismes, la révolution industrielle se fait sentir : croissance des villes, de la population étudiante et demande toujours plus forte de compétences technologiques et techniques. L'Université ne devrait-elle pas former des professionnels plutôt que des savants ? Bismarck résume crûment l'attente utilitariste dans une note

Dans l'Europe des révolutions, les rites de la vie étudiante allemande se fixent peu à peu. De ces garçons de 1859 jusqu'aux groupes de combat des années 1920, un modèle perdure.

Duels, taverne, déisme national et artistique… La vie estudiantine allemande s'organise dans les années 1830 (ci-contre en 1835). Les conservateurs (*Korps*) s'opposent aux libéraux (*Burschenschaft*, l'association des « gars »). Les deux camps partagent une commune nostalgie médiévale et bourgeoise. Pour fêter la chute des Français et les trois cents ans de l'autodafé des écrits du pape par Luther, les « *Burschen* » se réunissent en 1817 avec défilés et bannières au château de la Wartburg (ici celle des étudiants d'Iéna). Ils y brûlent les « oripeaux » haïs de l'oppresseur étranger et de l'ancienne société prussienne. Les nazis cultiveront l'analogie avec d'autres bûchers en 1933.

de 1889 : « Nous produisons une quantité de *Bildung* supérieure à ce qui est utile pour le développement régulier de la vie. Un trop-plein de diplômés alimente le nihilisme. » Empereur en 1888, Guillaume II – ouvertement impérialiste – s'efforcera d'associer l'État, les industriels et les chercheurs en dehors de l'Université, non sans rencontrer des résistances.

Puissance nationale, puissance économique. Dans toute l'Europe, ces deux attentes se conjuguent. Chaque nation est tentée d'affirmer aussi sa puissance universitaire. On est loin de l'idéal pérégrin du Moyen Âge et des contemporains de Goethe.

Contre la professionnalisation

Ecclésiastique anglican, animateur du mouvement d'Oxford, qui rompt avec la soumission à l'État, John Henry Newman (1801-1890, ci-contre) se convertit au catholicisme et devient cardinal en 1879. Il exerce une forte influence sur ceux qui, dans la société victorienne, sont rétifs au capitalisme triomphant, y compris sur l'école libérale et socialiste de l'économiste et philosophe John Stuart Mill (1806-1873). Au-delà de leurs divergences, Newman et Mill s'accordent pour attendre de l'Université une éducation morale plus que la formation de compétences : c'est le règne du gentleman, tel l'écrivain John Ruskin, premier titulaire de la chaire Slade de l'université d'Oxford (ici à Venise).

Cette opposition entre l'« honnête homme » de la *Bildung* et l'« homme d'une seule idée » – le scientifique efficace et spécialisé – suscite dès 1852 un important débat en Angleterre. Il suit la publication de conférences données à Dublin par John Henry Newman, brillant exemple de la rénovation d'Oxford. Le futur cardinal y critiquait les orientations de la nouvelle université de Londres, créée en 1836. Au-delà du caractère laïc de celle-ci (une première en Angleterre), Newman s'en prend surtout à son orientation utilitariste. Il reproche à Londres de réduire la « perfection intellectuelle » en mettant la *Bildung* au service de l'essor économique. Les mathématiques, les langues vivantes et la science se développent, dans la nouvelle Université, au détriment de l'« éducation libérale » (*liberal education*) qui fait le véritable gentleman. L'Université n'a pas pour fonction, écrit-il, de « sacrifier l'intelligence à quelque but particulier ou accidentel, à quelque état ou profession spécifique, à quelque étude ou science particulière ». Il lui faut au contraire développer l'art d'exercer son esprit de façon désintéressée. Une fois cette intelligence formée, l'honnête homme sera capable d'exercer au mieux la profession qu'il choisira. Seule la théologie, conclut Newman, est susceptible de porter au plus haut point cette « culture de l'intelligence ».

Les plus éminentes personnalités de l'Angleterre victorienne intervinrent dans la polémique, notamment l'économiste et philosophe John Stuart Mill – grande figure de l'utilitarisme. Presque tous se prononcèrent, comme Newman, contre la professionnalisation

et pour l'« éducation libérale ». La dispute porta, pour l'essentiel, sur le rôle donné à la théologie. Mill prôna les études de lettres comme « religion de remplacement ». Le physiologiste Thomas Henry Huxley, ami de Darwin, défendit à l'inverse les sciences, mais concevait celles-ci comme une philosophie, une éducation de l'intelligence, et non comme une formation pratique.

L'exception française persiste

Dès les années 1830, l'exemple de Humboldt n'avait pas échappé aux Français : Victor Cousin, Ernest Renan, Hippolyte Taine et bien d'autres. Mais faute d'un véritable statut, les facultés françaises n'ont pas, avant les années 1880, les moyens d'accueillir ce que l'on nommera tour à tour « sciences morales », « sciences historiques » ou « sciences de la culture ». Une nouvelle fois, la solution viendra d'établissements extérieurs à l'Université, notamment de l'École pratique des hautes études

Lorsque l'Autriche est battue à Sadowa (1866), Ernest Renan déclare que la « science germanique » a remporté la victoire. Louis Liard, refondateur de l'Université sous la IIIe République, écrit qu'« il sera bon d'avoir des universités comme l'Allemagne en a ». L'Allemagne sidérurgique (en haut, un laminoir, 1875) est aussi celle où le chimiste Liebig, chercheur et professeur, participe à l'essor de l'industrie alimentaire.

(1868), puis de l'École libre des sciences politiques (1871), ancêtre de Sciences-Po. Parallèlement, les sciences physico-mathématiques développeront elles aussi, en France, leurs structures propres. On est loin de la maison commune d'inspiration berlinoise, dont le modèle est repris, peu à peu, sur l'ensemble du continent.

Guizot, Michelet, Cousin et Renan : les maîtres français du XIXe siècle contribuèrent à la réforme de l'Université (ci-dessus ; en bas, examen à la faculté de médecine, 1901, par Toulouse-Lautrec).

Le 30 janvier 1875, la France redevient une République, la IIIe. Presque dans la foulée, le 12 juillet, elle adopte une loi fixant le cadre d'une profonde réorganisation de l'enseignement supérieur. Il avait fallu huit ans pour que fût créée l'université de Berlin. Il en faudra dix pour que soit posée le 3 août 1885 la première pierre de la nouvelle Sorbonne. Un symbole fort. Les travaux s'achèveront en 1901. Entre-temps, le 10 juillet 1896, une loi décide que chaque « corps de facultés » recevra « le nom d'université », aboli depuis la Révolution. Les facultés sont de nouveau fédérées en universités. Il ne s'agit pas que de mots. Le travail mené depuis 1875 par Louis Liard et bien d'autres entre dans les faits, qu'il s'agisse de la réorganisation administrative et, plus encore, intellectuelle de l'institution.

Premier paradoxe français, toutefois. L'importante refondation opérée par la IIIe République ne résout pas l'exception : une puissante filière extra-universitaire persiste, ouvertement élitiste et spécialisée. Second paradoxe français : l'Université de la IIIe République garde

« Les spécialités se subordonnent à une culture générale », écrit Louis Liard (1846-1917) lorsqu'il pose les bases de la nouvelle Université. Marqué par le positivisme – l'idéologie dominante des républicains –, il considère que les lois de la culture générale sont de nature expérimentale et vérifiable. Elles structurent l'ensemble de la connaissance comme une pyramide. La Sorbonne rénovée affiche fièrement ses laboratoires (en haut, celui de physique du professeur Lippmann).

les réflexes du monopole, hérités de la corporation, et ceux de la centralisation napoléonienne, peu propice à l'autonomie. Malgré d'importants efforts en province, Paris pèse lourd. Le contraste s'accentue avec l'Allemagne, l'Angleterre ou les jeunes États-Unis, qui s'orientent, sous des formes diverses, vers une émulation. Le système français n'a connu qu'une « réforme inachevée » (Christophe Charle). Alain Renaut en fait la remarque : « L'Université fut absente de la culture française du XVIIIe siècle, centrée sur la Cour, aussi bien que du siècle suivant quand elle se déplaça vers les salons, les Boulevards ou les cafés parisiens. »

Dès le début des années 1900 – bien qu'elle ait su dominer la forte poussée antidreyfusarde –, l'Université française souffre de son inachèvement. La prégnance d'un positivisme suranné, le retour du conformisme magistral, lié au manque d'autonomie, irritent les jeunes générations : milieux estudiantins, artistes, poètes, écrivains, etc. Au temps des symbolistes, des impressionnistes, des fauves et bientôt des cubistes puis des surréalistes, la révolte contre l'art officiel se double d'une révolte contre l'Université. La contestation de la Sorbonne par le quartier Latin mobilise les admirateurs nationalistes de Charles Maurras aussi bien que des anarchistes ou des libertaires. En témoigne la violente polémique conservatrice, opposant de 1910 à 1914 adversaires et les défenseurs de la « Nouvelle Sorbonne » – celle de la IIIe République – accusée pêle-mêle de succomber au « mirage allemand » et d'être un laboratoire scientiste, qui sacrifie la culture classique et l'« honnête homme ». La bataille gagne jusqu'à la Chambre – sans doute l'un des plus virulents affrontements sur l'Université avant ceux déclenchés par Mai 1968.

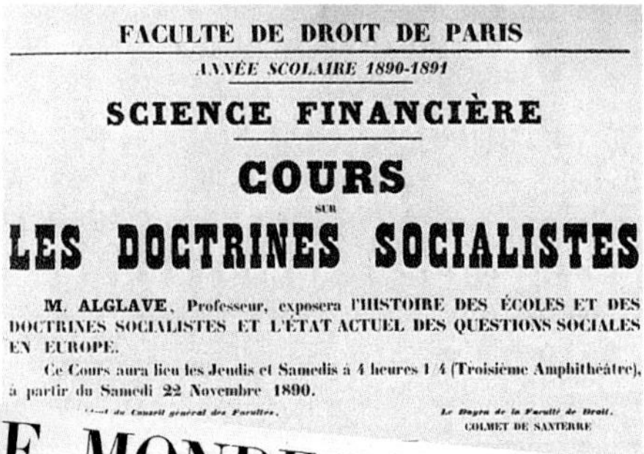

FACULTÉ DE DROIT DE PARIS

ANNÉE SCOLAIRE 1890-1891

SCIENCE FINANCIÈRE

COURS

SUR

LES DOCTRINES SOCIALISTES

M. ALGLAVE, Professeur, exposera l'HISTOIRE DES ÉCOLES ET DES DOCTRINES SOCIALISTES ET L'ÉTAT ACTUEL DES QUESTIONS SOCIALES EN EUROPE.

Ce Cours aura lieu les Jeudis et Samedis à 4 heures 1/4 (Troisième Amphithéâtre), à partir du Samedi 22 Novembre 1890.

Le Doyen de la Faculté de Droit,
COLMET DE SANTERRE

Divisée par l'affaire Dreyfus, l'Université française voit s'affronter, au fil des années 1900, les partisans d'une ouverture aux classes populaires et les défenseurs d'une culture sélective. Les cours des professeurs jugés « de gauche » ou d'origine juive sont perturbés par l'Action française dès avant 1914. Tenue à l'écart, celle-ci prendra sa revanche dans les universités grâce au régime de Vichy (épuration politique, antisémitisme).

Vers l'éducation de masse

La guerre de 1914-1918 est le premier conflit de masse. La hantise d'une massification hantait déjà, depuis les années 1880, le monde éducatif. Sans être débordées par une population étudiante toujours plus nombreuse, comme elles le seront dans les années 1950-1960, les universités sentent s'accroître la pression : mise en cause de la valeur des diplômes, problème de la professionnalisation, liens avec l'industrie, le commerce et l'économie... La proportion des étudiants passe, en France, de 0,5 % du groupe d'âge 19-22 ans (1875-1876) à 2,9 en 1930-1931. À quoi s'ajoute l'admission très tardive des femmes – mais significative : elles représentent 10 % des étudiants en 1910-1911et 27 % en 1936.

Dans tous les pays européens, la guerre a frappé les jeunes gens. Les femmes ont vu leur rôle et leurs responsabilités changer, avec des attentes et des

revendications nouvelles. Vieilli, le corps enseignant regrette l'avant-14, idéalisé comme l'âge d'or des professeurs. Nombreux sont les jeunes hommes qui ont connu les combats du front : expérience qui les hante. Le fascisme, mais aussi l'épopée révolutionnaire léniniste inspirent groupes paramilitaires ou « brigades ».

Dans l'Allemagne, à nouveau brisée, les associations d'étudiants renouent avec l'imagerie des « francs-tireurs » estudiantins mobilisés en 1813 dans la défense des libertés contre les Français. Le corps professoral, soucieux de conserver ses privilèges, reste passif face au « nettoyage » opéré par les groupes nazis. L'épuration des opposants et des Juifs touche un tiers des enseignants jusqu'en 1938 : l'Allemagne y perd d'éminents savants, une vingtaine de lauréats ou de futurs lauréats du prix Nobel.

C'en est vraiment fini de l'ère Humboldt. L'exil dramatique des intellectuels constitue, toutefois, le socle d'un renouveau de l'universalisme. Accueillie en France, en Grande-Bretagne et, plus encore, aux États-Unis, l'élite savante allemande, résolument « européenne » jouera un grand rôle dans la reconstruction, au sortir de la Seconde Guerre mondiale.

La guerre de 1914-1918 produit la « brutalisation » des sociétés européennes. L'expérience du combat et les solidarités du front favorisent les structures militarisées – corps francs, sections d'assaut –, dont les nazis usent pour prendre le contrôle des corporations étudiantes (à gauche, affiche de 1933). À Vienne, la même année, les étudiants nationaux-socialistes veulent chasser de l'Institut universitaire d'anatomie les Juifs, les « cosmopolites » et les étudiants de gauche (ci-dessus).

IOANNES CARD DVX RICHELIVS SORBONAE PROVIS R
DOMVM ET EXALTAVIT TEMPLVM S DOMINO MDCXLI
PASTEUR

Enseignement de masse ou de classe ? Sélection ou égalité des chances ? Formation générale ou professionnalisation ? Telles sont les interrogations des universités ouest et nord-européennes après la guerre. En revanche, le Sud, pauvre et gouverné par des régimes autoritaires (Espagne, Portugal puis Grèce), compte jusqu'à la fin des années 1960 une population étudiante réduite. Dans le bloc de l'Est, l'Université est dans la ligne de mire des dictatures communistes.

CHAPITRE 4

LE TEMPS DES BOULEVERSEMENTS

En 1968, les universités sont le berceau d'une révolution antiautoritaire des deux côtés du rideau de fer. À l'Est, le Printemps de Prague est arrêté net avec l'immolation de l'étudiant martyr Jan Palach (ci-contre, commémoration en 1989). La Sorbonne occupée (page de gauche) annonce une ère nouvelle pour l'éducation.

À l'Est, les étudiants contre le joug soviétique

Dans les pays du pacte de Varsovie, le pouvoir est aux mains d'une élite politique formée par le Parti. Pour gagner la bataille de l'industrialisation engagée par les planificateurs de Moscou, il faut des cadres compétents. Tous les efforts se portent alors sur l'enseignement. Le résultat est l'apparition d'une nouvelle intelligentsia technicienne, composée principalement de scientifiques, d'ingénieurs, de techniciens et d'économistes. La plupart du temps, celle-ci entre en conflit avec l'appareil du Parti, dont elle dénonce l'incompétence et l'incapacité à diriger une société industrielle moderne. Cette intelligentsia trouve des alliés naturels chez les jeunes diplômés et les étudiants.

Le cas de Berlin reste exceptionnel. Du fait de la coupure de la ville entre les secteurs alliés et le secteur soviétique l'université Humboldt se retrouve à Berlin-Est. À l'Ouest, une nouvelle université est créée, la Freie Universität, alors que la Technische Universität s'ouvre aux humanités. Berlin devient une vitrine, et les deux camps investissent énormément dans leurs universités. La RDA, même si elle n'a pas autant de ressources que la RFA, joue du prestige de Humboldt pour en imposer à tous les pays du bloc socialiste et faire

En 1948, à Berlin, des étudiants et des professeurs ouvrent la Freie Universität – l'université libre – dans le secteur américain (en haut). À l'Est, les cursus ne sont pas libres. L'accent est mis sur les enseignements scientifiques et techniques, comme à Dresde (ci-dessus et affiche ci-contre).

bonne figure face aux pays de l'Ouest. Toutefois, après les émeutes de 1953, la RDA se méfie de sa capitale et évite d'y laisser se concentrer un nombre croissant d'étudiants. Les autorités préfèrent les orienter vers Leipzig et Dresde.

En octobre 1956, en Hongrie, l'intelligentsia technicienne qui anime le cercle Petöfi présente un programme modéré en dix points visant à mettre sur pied la « voie hongroise du socialisme », à l'image de ce que vient de tenter Gomulka en Pologne. Mais au même moment, les étudiants formulent des revendications beaucoup plus radicales : diminution des cours sur le marxisme et le léninisme, enseignement de l'allemand, de l'anglais et du français et pas seulement du russe, ou encore rétablissement de la démocratie. Ils appellent parallèlement à un grand rassemblement pacifique, qui devint le coup d'envoi d'une insurrection spontanée contre le despotisme soviétique. Quelques jours plus tard, elle est écrasée dans le sang par les chars soviétiques.

En 1956, les étudiants et la population hongroise se révoltent contre l'URSS (ici, des manifestants brûlent des drapeaux rouges devant le siège de la police secrète à Budapest). « Aidez la Hongrie ! Sauvez les écrivains, les savants, les paysans et notre intelligentsia ! Au secours ! Au secours ! » lance en vain la radio hongroise le 4 novembre. Les blindés soviétiques ouvriront le feu contre les civils, montrant au monde le véritable visage du communisme.

La massification de l'enseignement supérieur

Au lendemain de la guerre, les rentrées universitaires se font dans des pays exsangues et ruinés. L'Europe du Sud, encore très agricole, conserve un système très verrouillé et très académique. La forte émigration de sa population vers les pays du Nord s'accompagne aussi d'une émigration étudiante, notamment au Portugal et en Grèce. Encore aujourd'hui, la formation à l'étranger y apparaît comme un substitut aux grandes écoles.

De son côté, l'université allemande connaît une importante dénazification, conduite par les quatre pays victorieux. Plus de la moitié des universitaires est concernée, surtout en médecine. En réalité, faute d'effectifs suffisants et pour préserver la cohésion sociale, la plupart seront réintégrés dans les années suivantes – une stratégie qui se retournera contre le pays en 1968. En France, sous Vichy, 207 universitaires avaient été exclus – en majorité des Juifs, mais aussi des francs-maçons, des opposants et des résistants. Avec 10 % d'universitaires sanctionnés au lendemain de la Libération, l'enseignement supérieur fut l'un des secteurs de la société française les plus touchés par l'épuration, selon l'historienne Corinne Defrance. La faillite des élites et, par-delà, du système même de leur formation, conduit à la création de l'ENA en 1945. Les hauts fonctionnaires deviennent les « nouveaux hussards » de la République avant de former quelques décennies plus tard un oligopole socioculturel fortement critiqué.

Dans tous les pays de l'ouest et du nord de l'Europe, les générations du baby-boom, après avoir fait exploser les effectifs des écoles primaires dans les années 1950, arrivent dans le secondaire puis à l'université dans les années 1960, et ce d'autant que l'entrée des femmes dans l'enseignement supérieur se poursuit. Parallèlement, l'élévation du niveau de vie de la population active provoque une mutation sociale fondamentale. Selon l'historien Antoine Prost, la projection sur les enfants d'un espoir d'ascension sociale devient une des normes de l'éducation, surtout chez les classes moyennes.

Au même moment, l'économie connaît un besoin accru de main-d'œuvre qualifiée et les entreprises attendent désormais des formations universitaires une rentabilité économique. Cette poussée des effectifs reposant sur une expansion quantitative,

Après la guerre, la massification des universités européennes est avant tout féminine. Au Royaume-Uni, elle aura lieu plus tardivement malgré l'absence à cette époque de frais d'inscription et l'existence de bourses (page de droite, Cambridge dans les années 1960). En réalité, le système est rationné par la sélection et l'orientation. Les universités britanniques comptent encore aujourd'hui 2,5 fois moins d'étudiants que leurs homologues françaises. En France (ci-dessus, rentrée à la Sorbonne en 1960), la part de diplômés au-delà du baccalauréat passera respectivement de 8% pour les hommes et 5% pour les femmes en 1950 à 39% et 47% en 1990.

Quarante ans après leur création (ci-dessous, panneau de celui de Montluçon), le succès des IUT est éclatant. Aujourd'hui, plus de 120 000 jeunes fréquentent quelque 115 IUT. Le taux d'insertion des diplômés y est très élevé (entre 85 % et 100 %), tant ces instituts ont su s'adapter à l'environnement économique et aux mutations de bon nombre de métiers. Ils offrent de plus en plus la possibilité de poursuivre des études longues depuis la réforme LMD (licence-master-doctorat). Si les IUT ont été des acteurs de premier plan dans la démocratisation de l'enseignement supérieur, ils l'ont été également pour l'aménagement du territoire. Installés dans des villes moyennes, nombre d'instituts ont répondu avec efficacité et opportunité au développement local.

on parle de massification. En France, en une décennie, entre 1958 et 1968, le nombre d'étudiants est multiplié par trois. Or, la fragilité du système universitaire hérité du XIXe siècle ne lui permet pas d'amortir ce choc démographique malgré des tentatives de diversification des établissements et des filières. Ainsi, l'Université s'est vu imposer à la Libération les Instituts d'études politiques, établissements dont elle n'a jamais voulu auparavant et qui jouiront d'une grande liberté administrative et pédagogique. En 1966, la création des Instituts universitaires de technologie (IUT) permet de canaliser les étudiants vers une voie professionnelle courte immédiatement adaptée à la structure de l'emploi.

En Allemagne, la philosophie du choix précoce qui fixe les vocations en fonction des aptitudes dès l'âge de 12 ans a permis de limiter les goulots d'étranglement universitaires. Outre-Manche, malgré un effort

de démocratisation avec la création des *plate glass universities* (à grands vitrages) dans les années 1960, l'université de classe reste prédominante jusque dans les années 1980.

Les sciences, un enjeu essentiel

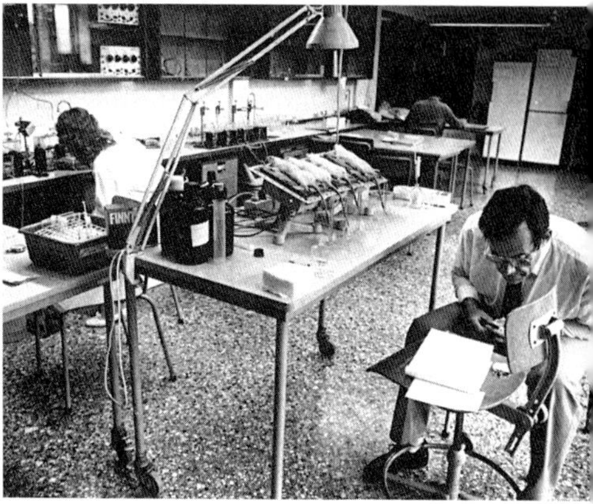

Après 1945, la recherche néerlandaise se structure surtout dans les universités, généralement au travers d'instituts universitaires (ci-dessus, laboratoire de pharmacologie à l'université d'Utrecht).

Après la guerre, à l'Ouest aussi, la formation d'un grand nombre de scientifiques et d'ingénieurs est la préoccupation majeure des États. Grâce aux Britanniques, la science allemande peut renaître dès 1949 avec, notamment, la réouverture de la Société Max-Planck (avant-guerre, Société Empereur-Guillaume). Au Royaume-Uni, qui n'a pas connu de destructions massives de guerre, la recherche scientifique se poursuit dans l'enthousiasme de la victoire, en grande partie dans les universités. Avec 23 prix Nobel depuis 1945, la recherche britannique est la plus productive au monde après celle des États-Unis.

En revanche, en France, tout continue à se passer en dehors de l'Université. Alors que les grandes écoles forment les ingénieurs, l'État contourne des universités trop traditionalistes et trop mandarinales pour mettre sur pied des organismes spécifiques de recherche. Ainsi le CNRS, qui a vu le jour en 1939, est véritablement créé, mais aussi l'Inra pour l'agronomie, le CEA en matière nucléaire, le Cent en électronique, l'Irsid pour la sidérurgie, l'Inserm pour la biologie médicale... Ce système hypercentralisé aboutit à un financement étatique prédominant.

D'après l'économiste français Jean-Claude Casanova, le système le plus favorable à la recherche scientifique est un système décentralisé de grandes universités s'appuyant sur des financements diversifiés. Il en veut pour preuve que des petits pays européens comme la Suisse, la Suède et les Pays-Bas ont, grâce à une organisation universitaire efficace,

« Pour ne parler que de l'après-guerre, les facultés gérées par l'État vont refuser d'enseigner la mécanique quantique, qui pénétrera en France grâce au Commissariat à l'énergie atomique et l'École d'été des Houches, mais aussi la biologie moléculaire, dont le vecteur sera l'Institut Pasteur, ou encore la tectonique des plaques, qui sera enseignée via l'Institut de physique du globe de Paris. »

Claude Allègre, *Le Monde*, 14 juin 2007

Pierre-Gilles de Gennes (ci dessous, à droite sur la photo) a enseigné à Orsay dans les années 1960 (ci-contre). Avec son accélérateur linéaire (ci-dessus), le site d'Orsay fait alors office de Silicon Valley à la française. Qualifié par l'Académie suédoise d'« Isaac Newton de notre temps », Pierre-Gilles de Gennes obtiendra le prix Nobel de physique en 1991. À sa mort, en mai 2007, le physicien Georges Charpak (ici, à gauche), prix Nobel de physique en 1992, dira de lui : « C'était un esprit universel. »

développé en proportion des capacités scientifiques supérieures à celle de la France. En 1954, Irène Joliot-Curie propose la création d'un Institut de physique nucléaire à Orsay. Deux ans après, son mari en est le premier directeur. Parallèlement, le manque de place à la Sorbonne devient de plus en plus critique, alors que l'extension vers la halle aux vins tarde à se faire. C'est ainsi qu'en 1958 une partie des enseignements de la faculté des sciences de Paris est transférée à Orsay. Avec le campus de Jussieu, ceux de Strasbourg, de Lyon et de Grenoble, l'université d'Orsay (Paris-XI) deviendra un des grands ensembles scientifiques du pays.

Mais, à l'exception notable des universités de médecine, les nombreuses avancées scientifiques françaises de l'immédiat après-guerre se font en majorité en dehors des universités. Après la loi Faure de 1968, la création d'unités mixtes de recherche (UMR), à la fois université et organisme de recherche, change la donne. Aujourd'hui, quelque 1 300 UMR emploient 45 000 enseignants-chercheurs et accueillent près de 60 000 étudiants. Cette complexité des structures crée cependant une

absence de lisibilité de la recherche française au niveau international – un préjudice auquel la création récente des pôles de recherche et, à l'avenir, des campus d'excellence entend remédier.

En 1967, les étudiants allemands se mobilisent contre la guerre du Vietnam (ci-dessous, à Berlin). En novembre, l'Université critique est créée, visant à réformer les études en remettant en cause les structures existantes.

À l'Ouest, 1968 ou la fin de l'université de papa

Les événements de 1968 se déroulent sous fond de guerre froide, qui scinde le monde en deux blocs, l'un communiste et l'autre capitaliste. Le conflit vietnamien exacerbe les esprits. Les étudiants occidentaux, en nombre de plus en plus important, se révoltent contre l'ordre intellectuel et moral ancien alors que les forces du marché libèrent la consommation. En France, Mai 68 commence officiellement par l'occupation de la Sorbonne, puis son évacuation par les forces de l'ordre le 3 mai 1968. Mais il s'inscrit dans un contexte propre aux universités françaises. La massification de l'enseignement supérieur n'a fait que s'amplifier. De 150 000 au milieu des années 1950, le nombre des étudiants est passé à 600 000 en 1968 ! La gratuité de l'université, conjuguée à l'absence de sélection, amène la France à compter à elle seule autant d'étudiants que l'Angleterre, la République fédérale d'Allemagne et la Belgique réunies ! Mais, face à ce déferlement, aucune modification des structures éducatives n'a été menée et les étudiants se pressent dans des amphithéâtres bondés. Aucune méthode d'enseignement n'a été profondément modernisée, et le cours magistral dispensé par des « mandarins » tout-puissants constitue toujours le cœur du système.

Les créations d'Orsay en 1958, de Jussieu en 1959 sur l'ancienne halle aux vins et de Nanterre en 1964 pour les lettres et les sciences humaines ne sont pas parvenues à décongestionner la vieille Sorbonne, qui finira par accueillir plus de 30 000 étudiants !

Les réformes Fouchet, du nom du ministre gaulliste de l'Éducation puis de l'Intérieur, visent à rendre plus efficaces et plus sélectives les universités françaises (page de droite, article du *Monde*, 10 juin 1966). En protestation, une grève démarre à Nanterre en novembre 1967. Dans ce complexe universitaire, qui jouxte les bidonvilles et où se pressent 12 000 étudiants pour 10 000 places, naît un mouvement de contestation et de revendications qui annonce Mai 68.

Jussieu se développe dans les années 1960 lorsque André Malraux confie à l'architecte Édouard Albert le soin de dessiner l'université des baby-boomers. Ce sera un « gril » de barres (ci-dessus), auquel sera ajoutée, en 1971, une tour au centre du campus.

À l'asphyxie des locaux correspond celle du corps professoral. L'État a multiplié après 1955 l'emploi de cadres B – les assistants et maîtres-assistants. Ce « prolétariat » universitaire est quatre fois plus nombreux que les cadres A – professeurs et maîtres de conférences – à la Sorbonne. Une situation qui provoque une lutte absurde, car les cadres B réclament les avantages et les prérogatives des cadres A alors que la rigidité du système français empêche toute ascension sociale. Pis : les assistants des facultés de lettres redoutent de voir s'instaurer une sélection qui aboutirait à leur renvoi dans l'enseignement secondaire, autant dire un recul. À la rentrée 1967, la réforme Fouchet devient effective dans les facultés de lettres et de sciences. Trois cycles, inspirés des universités allemandes et américaines, se substituent à l'ancien système des certificats. Le premier cycle en deux ans est sanctionné par un diplôme (qui deviendra le DEUG en 1973), remplaçant l'année de propédeutique. La licence s'effectue en trois ans et la maîtrise en quatre. Le nouveau système se met en place dans la pagaille, avec des équivalences compliquées qui font perdre jusqu'à une année aux étudiants.

ge 8 — LE MONDE — 10 juin 1966

Répondant à des « questions orales » au Palais-Bourbon

M. CHRISTIAN FOUCHET DONNE D'IMPORTANTES PRÉCISIONS sur la réforme des enseignements supérieurs et de l'aide aux étudiants

Un débat sur la réforme de l'enseignement supérieur a eu lieu mercredi après-midi au Palais-Bourbon, à la faveur des questions de trois députés.

M. FERNAND DUPUY (comm.) voulait notamment savoir quels débouchés offrira le diplôme de premier cycle [illegible]

M. HIPPOLYTE DUCOS (Rass. dém.) reproche surtout au ministre d'avoir « à tous les stades de sa réforme agi sans procéder à des enquêtes et consultations suffisantes et sans avoir sollicité de vote du Parlement » ; il affirme qu'il est illégal de réformer l'enseignement supérieur autrement que par une loi. Il dénonce, en outre, l'autoritarisme qui, selon lui, caractérise l'action gouvernementale, notamment en ce qui concerne l'orientation. Il se pro- [illegible]

[illegible]

Suivent quatre orateurs communistes, M. BARBET, Mme VAILLANT - COUTURIER, M. BALMIGÈRE, qui RUFFE et M. [illegible]

[illegible] « L'éducation nationale, ici comme ailleurs et plus que jamais, doit vivre avec son temps et doit, dans une large mesure, diriger son temps. » (Applaudissements sur les bancs de l'U.N.R. et des rép. ind.)

M. FERNAND DUPUY remercie le ministre de ses déclarations. « Mais, ajoute-t-il, remercier est une chose ; approuver en est une autre. Vous ne m'avez pas convaincu que la réforme assurera la démocratisation de l'enseignement. »

Ainsi prend fin le débat.

L'AIDE AUX ÉTUDIANTS : la généralisation de l'allocation d'étude suppose une économie planifiée

Au cours de la séance du soir M. Christian Fouchet a répondu [illegible] questions orales con- [illegible]

[illegible] dération nationale des associations d'élèves des grandes écoles.

M. BECKER (U.N.R.) est, en revanche, opposé à toute forme [illegible]

à leur disposition dans chaque branche. La généralisation de l'allocation ne se conçoit que dans un système planifié, elle est compatible avec le caractère [illegible] de notre Université.

Mai 68

Le mouvement du 22-Mars a démarré lorsque les étudiants de Nanterre décident d'envahir le bâtiment de la cité universitaire réservé aux étudiantes. Ils seront brutalement expulsés par les forces de l'ordre. Depuis le Moyen Âge, la police n'avait pas le droit d'entrer à l'Université… Ci-dessus, premier meeting autorisé à Nanterre, 26 avril 1968.

En 1968, à Nanterre, le mouvement du 22-Mars voit le jour. Il s'organise autour d'un meneur, Daniel Cohn-Bendit, un étudiant de 23 ans en deuxième année de sociologie. Des groupuscules d'extrême gauche le rejoignent et lancent des grèves pour la libéralisation des mœurs et contre la réforme Fouchet. L'agitation est telle que, le 2 mai, le doyen ferme la faculté de Nanterre. Le 3 mai, la Sorbonne est le théâtre de heurts violents entre des militants d'extrême droite et des étudiants d'extrême gauche. Les forces de l'ordre interviennent. C'est le coup d'envoi de près d'un mois de jets de pavés, de barricades et de slogans libertaires. « Les murs se couvrent de nouvelles combinaisons de mots, d'idées folles, généreuses, utopiques, que l'on essaiera de vivre dans les années suivantes. Les amphis reçoivent la visite de Jean-Paul Sartre et résonnent du piano de Georges Lapassade. C'est la fête », peut-on lire sur le site officiel de la Sorbonne trente ans plus tard. Comme le souligne l'un des leaders de Mai 68, Alain Geismar, l'une des spécificités de 68 en France est de ne pas avoir débouché sur la violence, comme en Italie ou en Allemagne.

Les événements de Mai 1968 sont considérables pour l'Université puisqu'ils débouchent sur la loi Faure en novembre 1968, qui met en œuvre l'autonomie de recrutement et de pédagogie, la participation des étudiants et la pluridisciplinarité. Les anciennes facultés disparaissent et sont remplacées par des unités d'enseignement et de recherche (UER), administrées par des conseils élus et dirigées par un président, lui-même élu par le conseil. Le cadre contraignant sur les volumes horaires, les matières et les filières est supprimé et remplacé par un système d'UV (unités de valeur) sanctionnant l'échec ou l'admission de l'étudiant à la fin de l'année. La mise en

place des T-D (travaux dirigés) afin de réduire la place des cours magistraux permet en outre d'allier contrôle continu et examen de fin d'année. En 1970, l'université parisienne est scindée en treize universités nouvelles, dont sept à Paris (Panthéon-Sorbonne, Panthéon-Assas, Sorbonne-Nouvelle (Censier), Paris-Sorbonne, Paris-Descartes, Pierre et Marie Curie, Jussieu) et six en région parisienne, auxquelles s'ajoute Paris-Dauphine. Cinq demeurent attachées au site de la Sorbonne et trois en partagent le nom. Les bâtiments de la Sorbonne accueillent également le rectorat de l'académie de Paris, l'École des chartes, l'École pratique des hautes études et la bibliothèque de la Sorbonne. Après 1968, le concours de l'externat est supprimé en médecine. Renouant avec l'idéal hospitalo-universitaire – les CHU datent de 1958 –, la pratique (externat) et la théorie (cours à l'université) sont réconciliées dans un seul et même cursus pour tous. Pour l'historien Antoine Prost, l'année 1968 marque la mort de l'Université du XXe siècle érigée par Louis Liard, et la

“En mai 1968, je devais passer l'agrégation de philo à la bibliothèque Sainte-Geneviève quand les CRS sont arrivés pour surveiller les épreuves. Hurlements : jamais on ne passera l'examen avec les policiers.”

Élisabeth Badinter

“À la Sorbonne [ci-dessus], je n'en pouvais plus de joie. 1968, ça a été aussi ma naissance au monde. Je n'étais plus un individu, j'étais un être collectif !”

Laure Adler

Page de gauche, l'une des affiches produites par l'atelier populaire des Beaux-Arts.

naissance de celle du XXIe siècle. Pour le politologue Georges Morin, il s'agit, au contraire, d'un leurre car la loi Edgar Faure a été fortement vidée de son contenu par les décrets d'application.

Le « mai rampant » italien

En Italie, la révolte étudiante se singularise par sa durée exceptionnelle puisqu'elle s'étendra jusqu'à l'automne de 1969. Ce qui lui a valu l'appellation de *maggio strisciante* (« mai rampant »). Au début de 1966, l'occupation des locaux et les premiers manifestes « contre l'université de classe » de l'Institut des sciences sociales de Trente sont autant de signes annonciateurs. En février 1967, le mouvement gagne les universités de Pise, de Milan et de Turin. En décembre, le ministre Luigi Gui présente son projet de réforme universitaire. Si celle-ci témoigne d'un réel souci de modernisation, les étudiants la jugent insuffisante, d'autant qu'elle ne touche pas au pouvoir des *baroni* (les mandarins). Ils revendiquent la « libéralisation » de l'accès et des programmes (il fallait un diplôme d'études secondaires classiques – latin, grec – pour entreprendre des études de médecine, de droit ou de lettres). Le 1er mars 1968, l'affrontement entre les forces de l'ordre et les étudiants contestataires dans le parc de la villa Borghèse à Rome fait plusieurs centaines de blessés dans les deux camps. À partir de là, la vague d'occupations des locaux universitaires s'étend à toute la péninsule. Une nouvelle loi, en décembre 1969, permet à tous les diplômés des établissements supérieurs d'accéder à toutes les facultés et donne même à certains étudiants la liberté de choisir leur parcours. Le rapprochement entre les étudiants et les ouvriers dès le printemps de 1968 est un autre trait spécifique du mouvement contestataire transalpin. C'est surtout au printemps et à l'automne de 1969, que l'on appellera l'*autunno caldo*, que ces relations deviendront permanentes.

LA STAMPA
Situazione drammatica nelle Universit

« Si en France les événements de Mai 1968 provoquèrent des réformes de structure, en Italie, ils créèrent plutôt une situation d'immobilisme, encore perceptible aujourd'hui dans le monde universitaire, en rendant chroniques ces mêmes dysfonctionnements qui avaient alimenté les protestations de 1968. C'est un paradoxe, mais la paralysie s'est installée en même temps qu'une forte poussée vers le changement. »

G. Gemelli, in *Revue pour l'histoire*, nov. 2000

Dio è morto (« Dieu est mort ») : à la rentrée universitaire italienne de 1967, la chanson de Francesco Guccini interprétée par le groupe Nomadi remporte un énorme succès et donne le ton (ci-contre, assemblée générale à l'université de Milan). « Nous voulons être orphelins », écrivent les étudiants sur les murs de l'université de Pise. « Cela fait partie de l'attitude anti-historique de 1968... », analyse l'historienne Luisa Passerini.

En Espagne, on fredonne avec fierté la chanson de Massiel *La, la, la,* qui vient de remporter l'Eurovision. Les échos de Paris parviennent aux portes des facultés espagnoles et les étudiants manifestent contre ceux que l'on surnomme *los grises* (police politique). Les universités sont à plusieurs reprises occupées et évacuées. Les *granaderos* (police antiémeute) et l'armée violent l'interdiction séculaire d'intervenir dans les universités. Mais grâce à l'autonomie de l'enseignement, garantie par la loi, l'histoire contemporaine – dont l'expérience républicaine des années 1930 – commence à être abordée. Un changement sur lequel la proclamation de l'état d'urgence, en janvier 1969, n'aura pas de prise.

Achtundsechzig en Allemagne

À partir de 1966, le Mouvement des étudiants allemands socialistes (SDS) organise de nombreuses manifestations contre la grande coalition sociale-démocrate et chrétienne-démocrate au pouvoir, contre l'absence de réflexion sur le passé nazi et surtout contre la guerre du Vietnam. Les universités de Berlin-Ouest deviennent le berceau de la contestation. Elles attirent les éléments les plus radicaux de la jeunesse estudiantine à cause du statut de la ville, qui dispense les jeunes appelés de faire leur service militaire.
Le 2 juin 1967, Benno Ohnesorg est tué par la police lors d'une manifestation contre le chah d'Iran. La mort tragique de cet étudiant suscite un mouvement d'indignation qui s'étend de Berlin-Ouest à toutes les universités. En avril 1968, un jeune extrémiste de droite attend le leader du SDS Rudi Dutschke, devant le siège du mouvement à Berlin-Ouest et lui tire dessus. Grièvement blessé, Dutschke reste

plusieurs jours entre la vie et la mort. Pour les étudiants, le groupe Springer est le responsable désigné. Son fleuron à grand tirage, le *Bild-Zeitung*, ne diffuse-t-il pas depuis des mois des campagnes haineuses à l'égard des étudiants ? Des heurts violents se poursuivent et les manifestations s'étendent à la plupart des villes universitaires allemandes. Les affrontements avec les forces de l'ordre feront deux morts à Munich. Après 1968, le mouvement étudiant éclate progressivement en deux factions. L'une dérive vers le terrorisme avec la *Rote Armee Fraktion* (la RAF) comme emblème. L'autre est à l'origine du parti Vert allemand. À la différence de la France, 1968 en Allemagne de l'Ouest n'a pas eu de conséquence majeure pour l'Université. Mais, grâce à la décentralisation – les universités sont rattachées aux Länder –, le système d'enseignement supérieur outre-Rhin s'est révélé mieux adapté aux enjeux économiques des années à venir.

Ci-dessus, manifestation à Berlin, devant la mairie de Schöneberg, le 12 avril 1968, après l'attentat contre l'étudiant Rudi Dutschke : la police utilise des canons à eau pour disperser les manifestants. « Rudi le Rouge », après de longs mois de rééducation, retrouvera en partie ses facultés, mais décédera prématurément des séquelles de ses blessures en 1979.

Au sein du bloc communiste, la lutte pour la liberté

À Prague, les étudiants protestent contre l'agression des chars du pacte de Varsovie, qui ont mis fin en août 1968 à la tentative d'Alexander Dubcek de créer le « socialisme à visage humain ». Le 16 janvier 1969, Jan Palach, étudiant à l'université Charles, s'immole par le feu devant le Musée national et décède trois jours plus tard. Dans les semaines qui suivent, la chape de plomb communiste se referme sur le pays.

À l'Est, les étudiants se battent, eux, pour la liberté (ci-dessous, à Prague, barricades étudiantes empêchant la progression d'un char soviétique).

En Pologne, étudiants et intellectuels établissent un parallèle entre la domination russe du XIXe siècle et l'impérialisme soviétique du XXe siècle lors de la représentation de la pièce *Les Aïeux* d'Adam Mickiewicz, le Victor Hugo polonais. Alors que le Théâtre national de Varsovie suspend la représentation face aux troubles, les étudiants poursuivent leurs protestations et tiennent des meetings sur les différents campus du pays.
Le 8 mars 1968, le mouvement est liquidé par la police. Les événements polonais de 68 préfigurent le mouvement de Solidarnosc et, au-delà, la fin du communisme dans l'Europe de l'Est. Il faudra cependant attendre vingt ans pour que le rideau de fer s'ouvre et qu'un espace européen de l'enseignement supérieur se mette en place.

« Notre groupe est composé de plusieurs volontaires prêts au sacrifice ultime. Tant que nos revendications, dont la suppression de la censure, ne seront pas acceptées, d'autres torches suivront. »
Jan Palach, 1969

L'immolation par le feu de Jan Palach sera suivie de celles des étudiants Miroslav Malinka, Blanka Nachazelova – « La vie sans la liberté est pire que la mort » – et Jan Zajic, place Venceslas.

Dans l'absolu, l'Université permet de préserver la culture, de produire de nouveaux savoirs (la recherche), de diffuser des connaissances, d'assurer la reproduction de l'institution en formant de futurs professeurs, de contribuer à l'organisation sociale mais aussi à sa critique, enfin de former des cadres. Force est de constater que depuis près de trente ans la primauté de l'économie modifie cet idéal.

CHAPITRE 5

LES NOUVEAUX DÉFIS DE L'UNIVERSITÉ

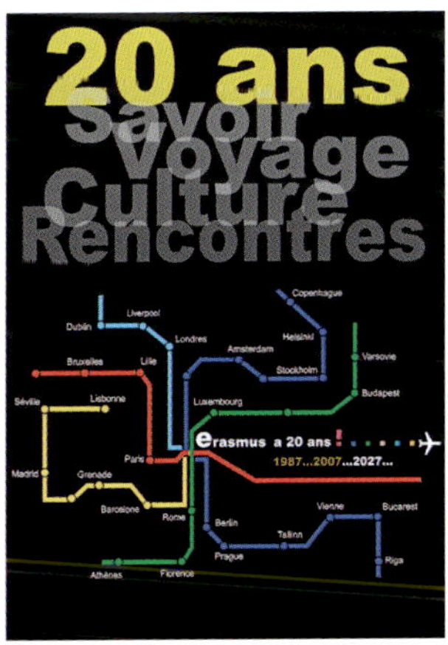

En 2007, l'Europe des 27 compte 17 millions d'étudiants pour 490 millions d'habitants. De plus en plus nombreux (page de gauche, un audimax bondé à l'université de Humboldt de Berlin), les étudiants sont aussi plus mobiles. Erasmus, qui a fêté ses 20 ans en 2007, est ainsi un grand succès de l'Union européenne.

La professionnalisation de l'enseignement supérieur

La massification de l'enseignement supérieur s'est traduite par une diversification considérable de la population étudiante, mais aussi des filières. Dans la plupart des pays européens, un secteur non universitaire directement axé sur le monde du travail s'est développé parallèlement aux universités, puis celles-ci se sont professionnalisées à leur tour.

Responsable commercial h/f

De formation bac +2, en commerce international, idéalement complétée par une année de spécialisation (vente ou marketing), votre expérience professionnelle de 10 ans dans la vente en B to B vous a permis de démontrer votre orientation client, votre goût pour la négociation commerciale et votre autonomie. Vous maîtrisez l'anglais et les outils informatiques.

En France, avec la persistance d'un chômage touchant particulièrement les jeunes et les conséquences du mot d'ordre « 80 % de la classe d'âge au niveau du bac », le nombre d'étudiants passe de 1,36 million dans les années 1980 à 2,20 millions vingt ans plus tard. Les facultés professionnelles, celles de droit et de médecine, gardent leur public tout comme les grandes écoles. Mais les filières à tonalité professionnelle, IUT et STS (section de technicien supérieur), sont désormais préférées aux premiers cycles universitaires de lettres ou de sciences humaines. Sans prestige et à faibles débouchés, ceux-ci ne sont plus fréquentés que par des étudiants qui n'ont pas d'autre choix – ceux que Pierre Bourdieu et Pierre Champagne ont appelés les « exclus de l'intérieur ».

> «À la fin des années 80, on voit apparaître un nouveau discours sur l'éducation et la formation, initié par les *think tanks* patronaux ou les organisations internationales. Il vise à rendre le système de l'enseignement supérieur plus en prise avec les besoins du monde de l'entreprise – pour ce qui est des matières enseignées –, plus élitiste – mais moins au sens intellectuel qu'en termes de sélection des éléments pour former l'encadrement efficace des entreprises, et la recherche plus appliquée.»
>
> Jean-Luc De Meulemeester, 2003

:HIEF OPERATING OFFICER - FM

ıtial Job Requirements

Bachelors Degree in Engineering (any discipline) or a Degree in Building Services or any equivalent gree of European Universities.
:ilities Management professional in his fifties having at total of 20 to 30 Years of experience out of which years in executive position with leading FM, industrial maintenance providers.
› has extensive knowledge of Project Management, Proposals, Business Development, Customer Relations, ɔject Controls, and Procurement.

La professionnalisation de l'Université s'est accélérée en 1999, avec notamment la création des licences professionnelles. Ce diplôme de niveau bac+3 établit un partenariat entre l'Université et les entreprises, l'année de licence alternant enseignement théorique et stages. Les 1 438 licences professionnelles couvrent aujourd'hui une large palette de secteurs. Mais l'Université reste le parent pauvre de l'enseignement supérieur. Au total, une scolarité complète dans le système des grandes

Directeur commercial h/f

De formation supérieure bac + 5, ingénieur ou commercial, vous avez acquis une solide expérience dans la relation commerciale B to B en environnement industriel, éventuellement dans le trading de matières agricoles ou dans le secteur agroalimentaire. Vos capacités de négociation ont déjà été éprouvées auprès de grands comptes et votre vécu en environnement international vous permet de comprendre les différences culturelles. Vous êtes bilingue anglais. Rigueur et communication à tous les niveaux sont les facteurs clés de succès dans ce poste.

écoles bénéficie d'un investissement public quatre fois plus important qu'une scolarité universitaire en droit ou en sciences économiques.

Le modèle des écoles de gestion

Si, dans les années 1960, on s'inquiète du manque d'ingénieurs et de techniciens, dans les années 1970 le discours dominant réclame des formations en gestion. L'inorganisation managériale des entreprises européennes est considérée comme un frein à la productivité. La conversion à l'économie libérale et la dérégulation financière ne font que confirmer ce besoin. « Il a fallu commencer par remodeler les écoles de commerce en *business schools* afin de constituer le management à l'américaine comme un nouveau savoir », note le sociologue Yves Dezalay. De nouvelles écoles de commerce et des filières de gestion ouvrent à tout va dans les années 1980 et les programmes MBA (*master of business administration*, cinq ans après

En 2007, la France compte 2 200 000 étudiants, dont 1 770 000 dans les universités, où il n'y a, théoriquement, pas de sélection. Mais, selon l'économiste J.-C. Casanova, « dans une fraction importante du système universitaire règne une sélection de fait. Dans les classes préparatoires aux grandes écoles, la sélection est absolue. Avec 350 000 élèves, les IUT et les STS pratiquent aussi la sélection. Les écoles d'ingénieurs font de même. [...] Ajoutons à cela les facultés de médecine et les filières sélectives des universités, le système universitaire français, qui depuis quarante ans manifeste contre la sélection, est sélectif à 50 %. »

"J'ai un master comptabilité, contrôle et audit. Depuis la fin de mes études, voilà un an, je n'ai obtenu qu'un mois de stage en comptabilité. Je me suis inscrite en agence d'intérim, sans résultat. Lorsque j'explique mon niveau d'étude pour des offres, non cadres, les personnes sont apeurées."

Forum APEC
novembre 2007
[à gauche, affiche d'un salon étudiant à Milan]

le BAC) se répandent jusque sur les bancs de l'université. Au milieu des années 2000, l'Europe compte 400 programmes de MBA !

En France, la trentaine d'écoles supérieures de commerce, qui ont longtemps eu le monopole de ces formations, sont de plus en plus concurrencées par des filières universitaires comme Paris-Dauphine, les masters de Sciences Po ou les IAE, les Instituts d'Administration des Entreprises. L'une des forces des grandes écoles de commerce reste cependant leurs carnets d'*alumni* (appellation donnée aux anciens), un réseau d'une redoutable efficacité pour trouver du travail. Pour diriger une grande entreprise en France aujourd'hui, il faut sortir d'une grande école, alors qu'en Allemagne un bon cursus universitaire est préférable, ou même un doctorat doublé d'une expérience internationale.

Les IAE, créés en 1955, sont des établissements adossés aux universités, qui disposent d'une certaine autonomie financière et pratiquent un recrutement sélectif. Comparés aux écoles de commerce, ils proposent un enseignement moins coûteux, plus critique et plus tourné vers la recherche. En outre, les écoles de commerce (sauf HEC) n'ont pas le droit de délivrer le titre de docteur, qui est un monopole de l'Université. Pour suivre le modèle européen LMD, elles passent un accord avec une université française ou étrangère, ou baptisent leur programme PhD (diplôme doctoral) ou DBA (*doctor of business administration*).

Les pôles d'excellence

En février 2008, le finlandais Nokia dévoile un nouveau concept de téléphone révolutionnaire, transparent, flexible et fonctionnant à l'énergie solaire... Baptisé Nokia Morph, il a été conçu avec le département des nanosciences de l'université de Cambridge. La commercialisation de ce téléphone n'est prévue que pour 2015, mais l'annonce a eu pour effet de mettre en lumière l'importance des pôles d'excellence, dont la Silicon Valley en Californie reste la référence. Le pivot d'un pôle d'excellence est en effet une université dotée d'un centre de recherche scientifique de renom qui entretient une coopération étroite avec des entités économiques et financières.

En Grande-Bretagne, à partir des années 1980, on parle du *Cambridge phenomenon* avec la création d'un Science Park aux abords du campus

de l'une des plus anciennes universités européennes. En 1992, le lancement du CRIL (Cambridge Research and Innovation Ltd), structure financée par les différents collèges de l'université et de grandes entreprises, puis l'installation de Microsoft Research Cambridge contribuent à ce que la ville-université soit rebaptisée Silicon Fen, inspiré du nom de la région, le Fenland. Des fonds importants de l'État et des régions britanniques affluent, pendant qu'en 2000 l'University Challenge Fund, qui associe chercheurs, entreprises et capital-risque, est créé pour aider au développement des découvertes scientifiques. L'université de Cambridge arrive en tête des universités européennes, et en quatrième position au niveau mondial pour ses résultats, selon le classement de l'université de Shanghai de 2007.

Depuis 2003, un classement mondial des universités est établi par l'université de Shanghai. Elles sont classées selon de nombreux critères, tels le nombre de publications ou l'obtention de prix Nobel. Les résultats sont cependant biaisés en faveur des pays anglophones et des institutions de grande taille. Chaque année, Cambridge est premier du classement pour l'Europe (ci-contre, un laboratoire de recherche de Cambridge et, en bas, une des dernières innovations de l'université, le Nokia Morph). Pour la France, les universités Pierre-et-Marie-Curie (Paris VI) et Paris-XI-Sud arrivent en tête.

Pôles de recherche et Plan campus

En France, le système d'enseignement supérieur manque de visibilité à l'étranger et n'obtient qu'un classement international moyen, tant il est affaibli par la dualité grandes écoles/universités. En 2006, les « pôles de recherche et d'enseignement supérieur » (PRES) ont été créés pour tenter de remédier à la déperdition des forces intellectuelles. Ils permettent aux établissements de fédérer localement les principales activités d'enseignement supérieur et de recherche ou de rassembler des compétences complémentaires en réseau. Dix pôles de recherche et d'enseignement supérieur ont déjà pris la forme d'établissements publics de coopération scientifique : Aix-Marseille, Lyon, Bordeaux, Toulouse, Université européenne de Bretagne, Nancy, Universud Paris, Université Paris-Est, ParisTech, Euro-Méditerranéen.

Par ailleurs, le Plan campus, adopté en 2007, devrait faire émerger dix pôles d'excellence dans les années à venir, les « pôles universitaires pluridisciplinaires » (PUP). Ces « campus d'excellence »

pourront résulter du rapprochement, sous gouvernance unique, de plusieurs structures d'enseignement supérieur (universités, grandes écoles...) et de l'intégration juridique des structures de recherche aujourd'hui partiellement rattachées aux universités et présentes sur leurs sites (les unités mixtes de recherche). En outre, ce plan permettra d'optimiser le patrimoine immobilier, et de développer une véritable vie de campus.

L'université de Strasbourg est sur la ligne de départ. Avec ses 42 000 étudiants, ses 3 000 enseignants-chercheurs et 700 chercheurs de l'Inserm et du CNRS, elle deviendra la première université de France en janvier 2009. Les conseils des trois universités actuelles, Marc-Bloch (sciences humaines et sociales), Louis-Pasteur (sciences, économie et médecine) et Robert-Schuman (sciences juridiques et politiques) ont adopté un projet de fusion en une université unique pluridisciplinaire. Elle rejoindra ainsi en taille les grandes universités européennes pluridisciplinaires comme Heidelberg, Cambridge, Oxford, Milan...

Les PRES visent à donner une meilleure visibilité internationale à la recherche française. Les universités de la Communauté française de Belgique (dont Louvain, à gauche en bas), en se regroupant, vont dans le même sens. Le Plan campus ambitionne, lui, de dynamiser les campus existants (Strasbourg à gauche, en haut) et de rénover une partie du patrimoine universitaire, afin d'égaler des universités européennes d'excellence, comme Heidelberg en Allemagne ou le campus HD de Madrid (à gauche, au centre). Ci-dessus, bibliothèque de l'université de Munich.

À l'heure de la compétition mondiale, la vieille Europe, entre tradition et modernité, a encore une carte maîtresse à jouer : sa capacité à attirer les meilleurs talents. Selon un sondage réalisé par le cabinet Hill and Knowlton, plus de 80 % des étudiants de MBA aux États-Unis, en Europe et en Asie aimeraient travailler en Europe occidentale à la fin de leurs études. Les États-Unis n'arrivent qu'en deuxième position. De gauche à droite et de haut en bas : universités de Cambridge, de Vienne (Autriche), de Zlín (République tchèque), de Lille, d'Helsinki (Finlande) et de Ljubljana (Slovénie).

En 1998, les universités britanniques reçoivent le droit de percevoir des frais d'inscription d'environ 1 500 euros par an. En 2004, le gouvernement Blair fait voter de justesse une loi multipliant par trois ces frais. Ils passent à 4 500 euros par an. Tollé ! (ci-contre, manifestation d'opposants devant le Parlement, à Westminster). Ailleurs, des prêts différés se mettent en place (page de droite, affiche d'une banque française). Les universités allemandes, jusque-là totalement gratuites, ont commencé en 2007, dans certains Länder, à réclamer le paiement de frais d'inscription (ci-dessous, manifestation à l'université de Bonn contre cette réforme).

Le financement des universités

Les établissements d'enseignement supérieur et les centres de recherche européens disposent de moins de fonds et de moins d'autonomie que les universités américaines. C'est la raison pour laquelle, en mai 2006, la Commission européenne a vivement encouragé les États membres à doter les universités d'une plus grande autonomie et à les ouvrir « au monde des entreprises ». En France, le problème est encore plus aigu, le pays ne consacrant que 1 % de son PIB à l'enseignement supérieur, contre 1,7 % en moyenne dans les pays de l'OCDE. Une loi, dite loi Pécresse, du nom de la ministre de l'Enseignement

supérieur et de la Recherche, a été adoptée par le Parlement français en août 2007. Les objectifs de cette réforme sont de donner aux 85 universités françaises plus d'autonomie dans la gestion de leur budget et de leur personnel, de leur permettre de créer des fondations pour générer des ressources financières et mettre en place leur propre processus de recrutement.

La plupart des pays européens font face à une forte demande de formation supérieure, mais sont également très attachés à la quasi-gratuité de l'enseignement supérieur. En France, les droits d'inscription et les frais de scolarité ne représentent qu'une infime partie (3% environ) du financement des universités par l'État. L'économiste Éric Maurin part du principe que les études bénéficient d'abord à celui qui les entreprend. Il préconise donc de faire payer une partie de l'enseignement supérieur aux ex-étudiants eux-mêmes. Cette voie a été choisie par l'Australie, puis suivie depuis 2004 par le Royaume-Uni. Lorsque la situation professionnelle de l'étudiant est stabilisée, une fraction progressive de son salaire sert à financer l'université qui, en le formant, lui a permis de trouver cet emploi. S'il est au chômage, le remboursement est interrompu. En Australie, plus de quinze ans après la réforme, « ce sont 25 % environ des coûts de l'enseignement supérieur qui sont couverts par les remboursements » (Éric Maurin). Un tel mode de financement serait d'autant plus légitime en France que les grandes écoles, fréquentées majoritairement

La loi Pécresse (à gauche, la ministre à l'Assemblée nationale en 2007) augmente le pouvoir des présidents d'université et ouvre leur administration à des personnalités extérieures. Elle permet, par exemple, à des entrepreneurs de prendre part à la gestion des universités. Certains voient dans cette réforme l'avènement d'un enseignement supérieur à deux vitesses, lié à la course aux ressources financières et au désengagement de l'État, mais aussi une hyperconcentration du pouvoir entre les mains des présidents d'universités, dommageable pour l'esprit démocratique.

par les plus aisés, y bénéficient d'un investissement massif de la nation, alors que les universités sont « surpeuplées et misérables » (Éric Maurin).

La circulation des étudiants : Erasmus

« Erasmus est le symbole de ce que l'Europe fait de mieux, une Europe du concret, une Europe des résultats », s'est réjoui en 2007 le président de la Commission européenne, José Manuel Barroso, à l'occasion des vingt ans du fameux programme étudiant. Erasmus ? « C'est le ciment de l'Europe », estime Olivier, un Français qui étudie en Suède. En 1987, seuls 3 000 pionniers s'étaient lancés dans cette aventure universitaire. Depuis, 150 000 jeunes choisissent de partir chaque année dans une autre université de l'Union européenne. Erasmus concerne désormais 90 % de l'enseignement supérieur européen, soit plus de 3 000 établissements répartis sur les vingt-sept pays de l'Union ainsi que l'Islande, le Liechtenstein, la Norvège et la Turquie. En vingt ans, plus d'un million et demi d'étudiants se sont croisés sur les bancs des facultés européennes.

Mais l'enfant prodige de l'UE est né aux forceps. Car si dès 1971 les ministres de l'Éducation des neufs pays de la Communauté européenne s'accordent sur le principe d'une coopération dans le domaine de l'éducation, les Joint Study Programs peinent à se mettre en place sur le terrain. En 1983, Bruxelles veut inciter à plus de mobilité en s'appuyant sur la reconnaissance des périodes d'études et des diplômes, des aides financières et d'hébergement, ainsi que sur la simplification de certaines démarches administratives. Mais le dossier s'enlise. L'arrivée de Jacques Delors à la tête de la Commission européenne en 1985 relance non seulement le processus d'intégration

Au début de 1987, des membres de l'AEGEE, une association qui rassemble des étudiants de toute l'Europe, rencontrent tour à tour le Premier ministre néerlandais, Ruud Lubbers, le Premier ministre belge, Wilfried Martens, et les conseillers de Helmut Kohl. Ils obtiennent enfin un entretien avec François Mitterrand, qu'ils parviennent à convaincre d'appuyer la création du programme Erasmus (ci-dessous, « photo de classe » pour les 20 ans d'Erasmus).

européenne mais aussi l'Europe des universités. Pourtant, si le marché unique est signé en 1985, il faudra attendre 1987 pour que le programme Erasmus voie le jour, en grande partie grâce à la mobilisation des étudiants européens, dont ceux de l'Association des états généraux des étudiants de l'Europe (AEGEE).

Le programme tire son nom d'Érasme de Rotterdam, humaniste et théologien néerlandais. Ce pérégrin a préfiguré, par ses itinéraires entre les universités européennes de l'époque (de Paris à Oxford, de Bologne à Bâle ou à Louvain), la mobilité universitaire actuelle. Plus qu'un simple programme d'éducation, Erasmus permet à de nombreux étudiants de vivre leur première expérience à l'étranger et tient désormais du phénomène social et culturel. Ce qu'a bien montré en 2002 le réalisateur Cédric Klapisch dans son film à succès *L'Auberge espagnole*, qui présente un jeune étudiant français qui découvre la vie (et les soirées très arrosées...) lors d'un séjour à l'université de Barcelone.

"La sensation de liberté laisse le pas à un sentiment de responsabilité : il faut prendre les rênes de ta vie en main et profiter au maximum de l'expérience. C'est ainsi que je me suis décidé à faire un stage dans une multinationale, ma première expérience professionnelle."

Félix, une année Erasmus à l'École de commerce de Grenade

"En Irlande, l'intérêt est d'amener les étudiants à faire des recherches approfondies sur un thème donné et à le maîtriser, et non de donner 10 thèmes à savoir par cœur et à oublier (forcément !)"

Maëllis, une année Erasmus à l'université de Limerick

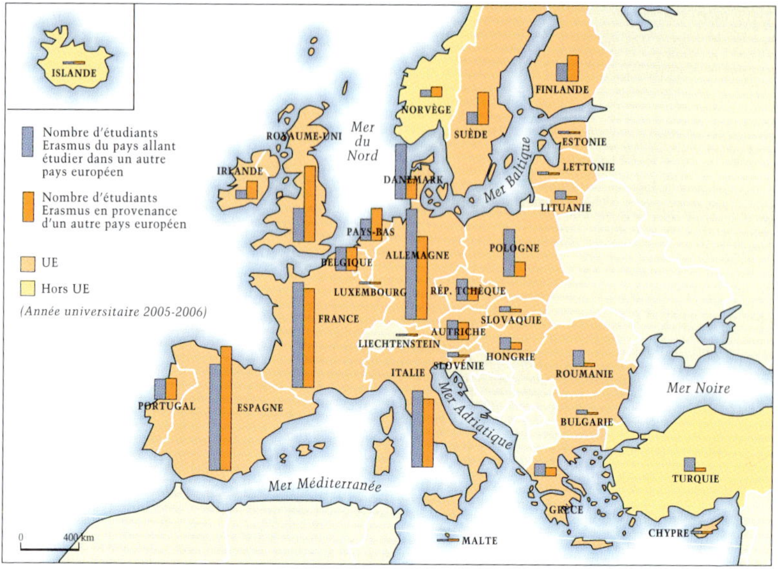

Le programme Erasmus est très connu mais, dans les faits, ne concerne que 1 % de la population étudiante européenne. De plus, la bourse s'élève en moyenne à 150 euros par mois et par étudiant et n'a pas augmenté depuis 1993 ! Surtout, elle ne prend pas en compte le niveau de vie du pays dans lequel l'étudiant se rend. Or les écarts sont considérables entre Riga, Rome, Londres, Prague et Helsinki. « Les bourses Erasmus sont trop faibles pour permettre aux étudiants issus de milieux financièrement défavorisés de profiter du programme », reconnaît Jan Figel, le commissaire européen chargé de l'Éducation. Bruxelles a débloqué 3,1 milliards d'euros pour faire partir entre 2007 et 2012 un million et demi d'étudiants, soit autant que ces vingt dernières années.
Si le programme Erasmus rappelle l'université médiévale avec ses étudiants pérégrins, il annonce cependant l'Europe de demain. Il a en effet favorisé l'homogénéisation des cursus avec les fameux crédits européens transférables (ECTS) et le système 3-5-8 (LMD : licence-master-doctorat).

Le statut d'« étudiant Erasmus » s'applique à ceux qui en remplissent les critères d'admissibilités et qui ont été sélectionnés par leur université pour effectuer un séjour Erasmus à l'étranger – en vue soit d'étudier dans une université partenaire reconnue, soit d'effectuer un stage dans une entreprise ou une autre organisation. Pour participer, les universités associées doivent obtenir de la commission européenne une charte universitaire Erasmus. En 2008, 3 155 établissements supérieurs européens sont titulaires de cette charte, dont 679 établissements français.

La circulation des savoirs

Alors que les universités européennes ont cherché, après la Seconde Guerre mondiale, à conserver ou à reconstruire leur identité, elles commencent à coopérer entre elles après 1968. La création de l'ECTS (European Credit Transfer System) en 1989, dans le cadre du programme Erasmus, permet une ébauche d'unification des notations. Son application se traduit par l'affectation de crédits pour chaque enseignement, en fonction soit de la charge de travail de l'étudiant, soit du nombre d'heures de cours ou encore des objectifs de formation. Les résultats de l'étudiant sont sanctionnés par une note locale ou nationale, et l'échelle de notation (le grade ECTS) permet le transfert des crédits. En France, il a été décidé qu'une année universitaire correspond à 60 crédits.

Certains estiment que ces diplômes à points, avec le semestre comme unité de temps, sont une dévalorisation de l'Université. « À quoi servent-ils s'ils ne sont pas calculés sur la charge de travail de l'étudiant ? Le nombre d'heures de cours n'a pas de sens comme "monnaie" commune, l'étudiant n'apprend pas seulement en écoutant un cours ! » Et ce d'autant plus que « la semestrialisation telle qu'elle se pratique depuis longtemps dans plusieurs pays européens a du sens dans le cas d'une véritable modularisation des cursus… Un module est un ensemble cohérent d'activités (cours, lectures, stages, etc.) centrées sur une (ou des) compétence(s) à acquérir, évalué globalement et sanctionné par des crédits. On est loin de cette conception en France, où les UE sont plus une addition d'éléments qui n'ont pas de lien entre eux » (Marie-Françoise Fave-Bonnet, professeur).

“Dans le cadre de la mobilité des étudiants, nous voulons mettre en place un label qualité. Les critères devraient être définis dès le mois de septembre. Parmi eux pourraient figurer la qualité des formations, de la recherche, mais aussi des locaux ou encore de la qualité de vie sur les campus.”

Valérie Pécresse, ministre française de l'Enseignement supérieur et de la Recherche, septembre 2007

La déclaration de Bologne

Après l'unification du système d'évaluation, restait à harmoniser les cursus. C'est une idée française, issue des travaux de la commission Attali de 1997. Chargée de réfléchir sur l'amélioration des relations entre les grandes écoles et les universités, cette commission conclut que le système éducatif français, pour trouver sa place dans la mondialisation, doit passer par une mise aux normes, avec l'adoption d'un schéma en trois étapes, formation de base, formation avancée, formation doctorale. Le ministre de l'époque, Claude Allègre, retient la proposition. Jusque-là, la doctrine officielle était celle du 2-4-6 (DEUG-Maîtrise-DEA). Et il va jusqu'à l'exporter : lors d'un colloque pour le 800e anniversaire de l'université de Paris en mai 1998, il invite ses collègues ministres de l'Allemagne, du Royaume-Uni et de l'Italie à l'adopter. Le texte est ensuite présenté à vingt-cinq autres pays. C'est la déclaration de Bologne, signée en juin 1999. Depuis, 32 pays se sont engagés à mettre en place pour 2010 un système lisible et comparable de diplômes de l'enseignement supérieur en trois niveaux de sortie (3-5-8) traduit

Pour les 800 ans de l'Université de Paris, Claude Allègre (ici à droite) propose à ses homologues européens de l'Éducation – de gauche à droite, Luigi Berlinguer (Italie), Jürgen Ruttgers (Allemagne), la baronne Blackstone, (Grande-Bretagne) – d'adopter une harmonisation des cursus européens sur 3-5-8 ans (système LMD). Ci-dessous, montage du « supplément au diplôme » en portugais, grec, bulgare, espagnol, islandais. Page de droite, jeunes diplômées polonaises.

en France sous le sigle LMD ; à mettre en place une organisation des formations en semestres et en unités d'enseignement (UE), à mettre en œuvre le « système européen de crédits ECTS » et l'annexe descriptive du parcours qui a permis l'obtention du diplôme, appelée « supplément au diplôme ». Ce supplément est destiné à faciliter la compréhension des études accomplies. Il ne contient pas de jugement de valeur et se compose de huit parties : des informations sur le titulaire, sur le diplôme, sur le niveau de qualification, sur le contenu et les résultats obtenus, sur la fonction de la qualification, sur le système national d'enseignement supérieur… En 2005, il a été rattaché au dispositif Europass, le « cadre communautaire unique pour la transparence des qualifications et des compétences » en Europe.

Même si harmonisation ne signifie pas uniformisation, les questions d'éducation restant sous la responsabilité de chaque État, la mise en place des LMD bouscule les mentalités et les traditions. Selon Karine Serbanescu-Lestrade, docteur en sciences de l'éducation, « en France les universités bénéficient pour la première fois d'une grande confiance dans leur capacité d'organiser les études.

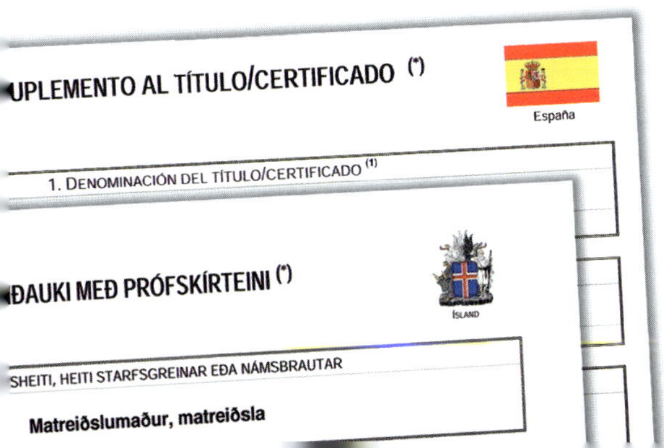

Dans le cadre de la réforme LMD, la licence française va être rénovée : elle permettra notamment d'intégrer la vie professionnelle.

“Les sciences humaines étaient autrefois des arts, ceux du *trivium*, qui sont à l'origine de l'enseignement universitaire européen. Mais les lettres et l'histoire ont aussi une autre mission, qui ne peut être sacrifiée sur l'autel de la préprofessionnalisation. Si la future réforme de la licence gommait cette spécificité, transformant nos formations académiques en IUT, si elle faisait de la préprofessionnalisation le seul horizon de ces filières, l'erreur serait sans doute irréparable. On obtiendrait ainsi dans quelques années des chômeurs potentiels et de nouveaux illettrés.”

Professeur Claudio Galderisi, médiéviste, mars 2008

Le LMD accorde une grande liberté aux établissements pour la validation des acquis, pour la formation à distance, pour des formations inter et transdisciplinaires ». Les détracteurs, en revanche, dénoncent la suppression de l'égalité des diplômes. Selon eux, les diplômes de chaque matière avaient auparavant la même valeur, quels que fussent l'étudiant et l'université, la seule appréciation étant la mention obtenue; aujourd'hui, si le système français reste centralisé dans un cadre national des diplômes, la valeur d'un diplôme est désormais liée à la réputation de l'Université. Plus généralement, au niveau européen, la personnalisation des parcours induite par le système des crédits a conduit à une inflation des diplômes – en caricaturant à peine, chaque professeur veut avoir son diplôme. Mais force est de reconnaître que cette base de calcul commune (ECTS) et les mêmes niveaux de diplômes (LMD) signent le début d'une nouvelle ère pour le monde universitaire et une avancée déterminante pour la construction européenne.

Enseignement par DVD à l'université de médecine de Grenoble (ci-dessous) : ce système a été mis en place en 2006 pour que les cours se déroulent dans de bonnes conditions, malgré le nombre trop élevé d'inscrits en première année.

L'amphithéâtre, prévu à l'origine pour des cours magistraux, permet aujourd'hui aux étudiants qui n'ont pas d'ordinateur personnel de suivre les cours sur DVD !

Une Université virtuelle ?

À l'heure où la connaissance humaine est plus que jamais dépendante de la technologie, où la globalisation bouscule notre façon d'appréhender le monde, l'Université se retrouve face à un nouveau défi. Internet remet en effet en cause non seulement la transmission verbale du savoir, mais aussi sa production. La connaissance, comme le remarque le sociologue britannique Gerard Delanty, a « été dépersonnalisée, déterritorialisée et globalisée [...]. Avec l'avènement d'un âge global, l'espace étudiant s'est ouvert au-delà des espaces traditionnels (amphithéâtre, bibliothèque) à des espaces virtuels. Les nouvelles technologies rendent possible l'université virtuelle. On discutera encore longtemps pour savoir si l'on est face à la négation même de l'idée d'Université ou face à une nouvelle étape à laquelle il va falloir s'adapter. »

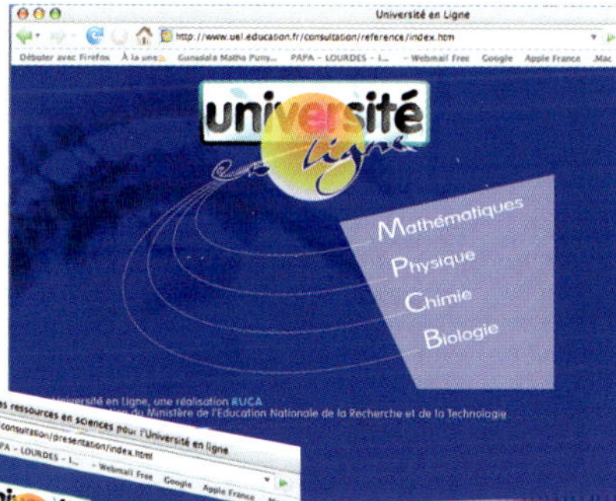

En outre, on assiste à la commercialisation, à la privatisation, à la « marchandisation » de l'enseignement supérieur. Fort de ce constat, le sociologue québécois Gilles Breton propose de structurer « l'espace global du monde universitaire autour de la notion de bien public », à l'instar de ce qui a été fait pour d'autres secteurs d'activité, tels le droit international ou l'environnement. Et de poser la question : « N'y a-t-il pas du côté de la construction de l'espace universitaire européen des leçons à tirer qui pourraient se révéler utiles du point de vue d'une architecture institutionnelle globale à créer ? » Ce spécialiste de la mondialisation de l'enseignement supérieur estime que bien que le modèle humboldtien hérité du XIXe siècle ne convienne pas aux universités du XXIe siècle, « la perte des grandes valeurs humanistes et universalistes sur lesquelles elles se sont construites serait un appauvrissement inacceptable pour nos sociétés ».

“L'Université assure depuis longtemps le développement des aptitudes de chacun, prépare l'étudiant aux tâches professionnelles, élève le niveau culturel de la nation. Pour jouer un rôle central dans la société des savoirs, il lui faudra désormais créer de nouveaux savoirs et les transmettre le plus rapidement possible au lieu de dispenser un enseignement encyclopédique de savoirs créés ailleurs. Personne ne pourra demain développer son activité professionnelle en s'appuyant uniquement sur son éducation et sa formation de base. Le contexte de mondialisation et l'éclatement des savoirs nous entraînent en une formation tout au long de la vie.”

Jean-Paul Pinte, docteur en sciences de l'information, Université catholique de Lille

TÉMOIGNAGES ET DOCUMENTS

Étudiants au fil des siècles

Au XIIe siècle, l'abbé Philippe de Harvengt écrit à un jeune disciple : « Poussé par la science te voilà à Paris et tu as trouvé cette Jérusalem que tant désirent ! » C'est toujours avec enthousiasme que l'étudiant quitte son milieu et ses routines pour l'une ou l'autre des villes-phares. Sur place, il arrive que l'ardeur faiblisse. L'Université forme sur ses marges autant qu'entre ses murs. La vie estudiantine reste souvent, davantage que les études, l'expérience déterminante.

L'escholier de Dieu

Un jeune Finlandais du XVIe siècle quitte le Nord à la conquête du savoir. Il découvre l'humanisme à Paris, s'enthousiasme pour la réforme luthérienne en Allemagne, devient médecin dans les armées catholiques de Charles Quint, assiste avec horreur au sac de Rome en 1527… Finlandais lui-même, Mika Waltari (1908-1979) transpose ici sa propre quête religieuse, intellectuelle et politique.

Nous arrivâmes en Bourgogne, puis en France, et bientôt commencèrent les difficultés de langage. Heureusement, partout, dans les villes et villages, nous croisions des clercs ou des frères, pleins de la crainte de Dieu, auxquels je m'adressais en latin, et qui nous indiquaient volontiers notre chemin. […]

[…] À la Toussaint, nous arrivâmes enfin sur la colline de Montmartre avec à nos pieds les toits de la cité de Paris que la Seine enserrait dans ses bras d'eau verte. Nous tombâmes à genoux pour rendre grâce à Dieu de nous avoir conduits sains et saufs au terme de notre si long voyage. Puis, de toute la vitesse de nos jambes, nous dévalâmes la colline. Je comprenais alors les sentiments que Moïse devait éprouver quand, du sommet de la montagne, il aperçut la Terre promise !

[…] La souillon qui tenait l'auberge semblait avoir l'habitude des têtes cassées. [...] Cette brave femme, à force de nourrir et soigner des étudiants, savait tout ce qu'il convenait que je fasse pour entrer à l'université et me fut d'un grand secours. Je devais avant toute chose choisir un « tuteur » pour, en temps utile, et après avoir assisté aux controverses dialectiques débattues dans son école, obtenir le premier titre académique. Seul l'étudiant parrainé par un tuteur jouissait des privilèges universitaires.

Tous ceux qui étaient nés au-delà des frontières de la France avaient pour patrie l'Allemagne ou Germanie, et je devais donc choisir un maître anglais ou germain à défaut d'un danois ou suédois. Les tuteurs, pour leur part, avaient déjà obtenu le titre de magister ; selon les statuts, ils devaient durant deux années enseigner gratuitement à la faculté des Arts tout en poursuivant leurs propres études dans l'une ou l'autre des trois facultés supérieures. Toutefois, jamais de sa vie, la tenancière n'avait entendu parler de sauvages païens tels que Suédois ou Danois !

[...] J'avais [donc] dans l'idée de me mettre en quête d'un tuteur dès le lendemain matin, car les vacances étaient terminées et les cours commencés depuis fort longtemps [...].

[...] Je partis à la recherche d'un collège suédois ou danois, mais personne ne fut capable de m'en indiquer un. Seul un vénérable mendiant à la barbe grise se souvint d'avoir entendu parler d'une telle institution qui avait existé une centaine d'années auparavant. On n'avait guère vu d'étudiants danois depuis fort longtemps car, me dit-il, il leur était interdit de suivre des cours hors de leurs frontières depuis la création de l'université de Copenhague. Ce vieillard, tout à fait respectable et avisé, fut la seule personne à me donner des conseils sensés durant ces premiers jours. [...]

[...] À force de déambuler dans les rues, j'acquis une notion approximative du quartier Latin, de ses bâtiments universitaires et de ses nombreuses églises et monastères. Il y avait une population d'environ six mille étudiants, soit le double de celle d'Abo. Divers pays et plusieurs pieuses fondations possédaient au moins une trentaine de collèges, qui ne pouvaient cependant accueillir qu'une faible partie d'étudiants. Les cours avaient commencé la veille de la saint Denis, nous approchions de Noël, il était donc inutile de chercher à me faire admettre dans aucun d'entre eux.

[...] Après m'être paré de mes plus beaux vêtements, je sollicitai hardiment une entrevue avec le trésorier de la nation allemande, afin d'obtenir quelques conseils éclairés pour mener à bien mes études. Le jeune maître commença par m'adresser de sévères remontrances pour avoir déjà perdu la moitié de l'année ; toutefois, après avoir lu la lettre de recommandation de l'évêque Arvid, il reconnut que mon voyage avait été long et périlleux. La lettre, et mon aspect soigné, avaient dû l'amener à supposer que j'étais un jeune homme fortuné car il me demanda incontinent si j'avais l'intention de payer mon tuteur. Certes, me dit-il, tout l'enseignement était en principe gratuit, mais les professeurs, qui n'étaient point rétribués par la faculté des Arts, consacreraient à l'évidence plus d'attention à des élèves qui leur auraient fait quelques présents.

Comme il venait lui-même du pays de Hollande, il pouvait sans attendre m'indiquer un tuteur hollandais, un certain magister Pieter Monk, qui n'avait pour l'heure qu'un nombre réduit de disciples et pourrait par conséquent me faire progresser exceptionnellement vite en vue des examens. Puis il me donna l'adresse du magister, qui vivait rue de la Harpe, en même temps que sa bénédiction.

Heureusement que j'avais reçu des instructions précises, car à peine l'avais-je quitté que deux hommes, arborant la toque de magister sur la tête et suivis d'une foule d'étudiants, se précipitèrent sur moi dans l'antichambre, et se mirent à vanter à haute voix leurs mérites respectifs et ceux de leurs professeurs. Lorsque je leur dis que je cherchais Pieter Monk, ils se récrièrent contre lui d'une seule voix, l'accusant des pires défauts (c'était un ivrogne, un glouton et même un hérétique !), si bien que j'en vins à être ébranlé dans mon désir de le rencontrer. Mais en fin de compte, la parole du trésorier allemand me parut plus digne de confiance que celle de ces racoleurs pleins de suffisance.

[...] [Le professeur] vivait dans une

maison étroite à plusieurs étages ; le propriétaire, graveur de cachets de son état, me fit monter jusques au dernier et m'indiqua une pièce exiguë et froide où je trouvai enfin le docte maître en train d'écrire sur une table bancale. C'était un homme jeune, pâle, et à l'air famélique ; il portait, plus pour se réchauffer, je pense que par souci de sa dignité, sa toque et la totalité de sa garde-robe. […]

– Nous vivons des temps difficiles, Mikaël, [me dit]-il, et la reine des Sciences s'est convertie en une marâtre perverse qui donne souvent à ses enfants des pierres en guise de pain ! J'ai seulement vingt-cinq ans, mais j'en ai déjà mâché jusques à m'en user les dents ! Pour être franc avec toi, je dois dire que je n'ai reçu ma licence d'enseignement, ou *licencia docendi*, que l'an passé. « Hier, bachelier, aujourd'hui magister, demain docteur ! » nous enseigne le proverbe, pourtant chacun de ces jours est long comme des années et sans cesse rempli d'angoisses, de luttes et de batailles spirituelles.

[...] Mais je vois bien à ton regard brillant que tu brûles du désir de t'instruire et que ni peine, ni nuits sans sommeil, ni jours d'angoisse ne te feront reculer. Je t'ai donc donné là les seuls avertissements que je te donnerai jamais. De mon côté, je ferai de mon mieux pour t'aider dans tes études, dans la mesure de mes moyens.

Puis il me soumit à un interrogatoire portant sur des questions précises. Au bout d'une heure, j'avais le sentiment d'être retourné comme un gant et qu'il savait de mon instruction plus que moi-même.

– Mikaël, mon fils, dit-il en hochant la tête, tu apprends rapidement et tu possèdes une solide connaissance de la logique aristotélicienne. Toutefois, ton vocabulaire est dépassé et ton savoir plus adapté à un homme d'Église qu'à un universitaire. On voit que tu n'as jamais eu l'occasion de lire des œuvres modernes ni des commentaires. Mais si tu assistes régulièrement à mes cours du matin et viens écouter chaque semaine les disputes dialectiques, peut-être pourrons-nous avancer suffisamment cette année pour que tu sois à même de choisir la thèse que tu auras à soutenir dans les discussions avec mes autres élèves. Je suis convaincu qu'après une année de travail acharné, tu pourras te risquer à te présenter devant les examinateurs pour obtenir le titre de bachelier. C'est tout ce que je peux te promettre, bien que mon propre avancement dépende du tien puisque, tu le sais, l'on juge un maître à ses élèves.

Mika Waltari, *L'Escholier de Dieu, Livre III : la docte université*,
Le jardin des Livres, 2005

Des faits du noble Pantagruel en son jeune âge

Associant la sagesse humaniste, l'érudition et la farce, François Rabelais (v. 1483-1553) exprime, comme Érasme, son aversion pour une scolastique sclérosée. Il s'inscrit dans une tradition ancienne dont témoignaient déjà les goliards du XIIe siècle. Il ne faut donc pas se méprendre : le savoir, la maîtrise du langage et la connaissance des Écritures restent le programme des joyeux « pantagruéliques ».

Ainsi croissait Pantagruel de jour en jour, et profitait à vue d'œil, dont son père s'éjouissait par affection naturelle. […] Puis l'envoya à l'école pour apprendre et passer son jeune âge. De fait vint à Poitiers pour étudier et profita beaucoup ; auquel lieu, voyant que les écoliers étaient aucunes fois de loisir et ne savaient à quoi passer temps, il en eut compassion. […]

[Ensuite], il voulut visiter les autres universités de France. Dont, passant à

La Rochelle, se mit sur mer et vint à Bordeaux, mais il n'y trouva grand exercice, sinon des gabarriers jouant aux luettes sur la grave. De là vint à Toulouse, où il apprit fort bien à danser et à jouer de l'épée à deux mains, comme est l'usance des écoliers de la dite université ; mais il n'y demeura guères, quand il vit qu'ils faisaient brûler leurs régents tout vifs comme harengs saurets, disant : Jà Dieu ne plaise que ainsi je meure, car je suis de ma nature assez altéré sans me chauffer davantage.

Puis vint à Montpellier où il trouva fort bons vins de Mirevaulx et joyeuse compagnie, et se cuida mettre à étudier en Médecine : mais il considéra que l'état était fâcheux par trop et mélancolique, et que les médecins sentaient les clystères comme vieux diables. Pourtant ce, voulait étudier en loix : mais voyant que là n'étaient que trois teigneux et un pelé de légistes audit lieu, s'en partit. […] Et vint en Avignon, où il ne fut trois jours qu'il ne devint amoureux, car les femmes y jouent volontiers du serrecroupière. Ce que voyant, son pédagogue nommé Epistemon l'en tira et le mena à Valence on Dauphiné ; mais il vit qu'il n'y avait grand exercice, et que les marouffles de la ville battaient les écoliers, dont il eut dépit. […]

Et après il s'en partit, et à trois pas et un saut vint à Angers, où il se trouvait fort bien et y eût demeuré quelque espace, n'eût été que la peste les en chassa. Ainsi vint à Bourges, où étudia bien long temps, et profita beaucoup en la faculté des loix.

Rabelais, *Pantagruel,* 1532

Thomas Platter à l'université de médecine de Montpellier

En 1599 et 1600, Thomas Platter (1574-1628), protestant bâlois, parcourt le Nord-Ouest de l'Europe. Sa description offre l'état des lieux d'une Europe déchirée par les guerres politiques et religieuses. Étudiant en médecine, il est curieux de tout : moyens de transport, églises, forteresses, résidences princières, auberges, tavernes, arts, lettres, idées…

Il y a […] à Montpellier une université considérable, imposante, renommée au loin. Elle a été érigée par le roi Henri [!] de France et par le pape Urbain, en toutes les facultés, mais plus spécialement la faculté de médecine ; celle-ci surpasse, et de loin, toutes les autres dans la France entière. En effet, la beauté réjouissante de l'endroit, les palais et les édifices de la ville, l'amabilité des citadins, la douceur de l'air, la fertilité et la richesse des campagnes ont incité les médecins à prendre pied sur place. Et d'abord, quand les Sarrasins ont été chassés d'Espagne, les disciples des éminents médecins arabes, tant d'Avicenne que d'Averroès et bien d'autres, se sont rendus à Montpellier. Telle fut l'origine des médecins de cette ville. Ensuite, comme on venait de toutes les extrémités du monde pour y étudier, d'autres nations furent incitées, du coup, à élire leur demeure en ce lieu. En effet il y a là, d'ordinaire, en médecine, plus de cent étudiants étrangers, à cause des bonnes opportunités qu'on a d'y progresser dans cet art. Et cela, à cause des professeurs eux-mêmes, et en raison de la possibilité qu'ont les étudiants d'accompagner les docteurs dans leurs visites aux maisons des malades. On peut ainsi voir et entendre ce qui leur manque [aux malades] ; on peut prendre connaissance de ce qui leur est prescrit, et l'effet de tels remèdes ; et puis c'est un grand honneur pour les docteurs que de traverser les rues accompagnés de nombreux étudiants.

[…] Pendant mon séjour montpelliérain fut encore nommé un nouveau professeur : c'était le docteur Richer ; il devait enseigner l'anatomie et l'herboristerie ; en été, il emmenait les étudiants maintes fois en promenade afin d'herboriser, *herbatum*. En outre, il a créé à grands frais, au nom du roi, un jardin supérieurement important près de la ville de Montpellier ; il y plante chaque jour beaucoup de végétaux étrangers, venus de tous les pays ; il vise ainsi à perfectionner d'autant mieux les connaissances estudiantines en fait de botanique internationale. En hiver, il procède à des séances de dissection, à des leçons d'anatomie. Quand on ne peut pas lui donner les corps suppliciés des malfaiteurs, on lui fournit les cadavres de personnes qui sont mortes à l'hôpital. Il y a pour ça un *theatrum anatomicum* dans le *collegium* des médecins : c'est un local construit en gradins de pierre afin que tous les spectateurs puissent bien voir les dissections. Elles se passent de la façon suivante : le docteur, qui préside, fait un discours et parle de ce qu'on va montrer. Puis le chirurgien nommé par le roi (c'était alors Maître Cabrol) montre un organe après l'autre. Il les a découpés au préalable avant l'arrivée des spectateurs. Il lance aussi quelquefois des plaisanteries polissonnes quand des dames, comme je l'ai vu faire, assistent à la dissection d'une femme. Les masques sur les visages des spectatrices sont alors bien nécessaires.

On procède aussi à de nombreuses promotions de docteurs à Montpellier, spécialement en médecine, et cela de deux façons : *communi* et *magno modo*, je veux dire la façon commune et la façon solennelle, celle-ci tout à fait pompeuse ; pour ce faire, on mène l'intéressé en triomphe à travers la ville avec des chevaux et des trompettes ; le soir, à son tour, il doit faire donner la sérénade avec des trompettes, chalumeaux, pipeaux et autres instruments, à tous les docteurs, chirurgiens et apothicaires devant leurs maisons. C'est ainsi que, lors de mon séjour montpelliérain, j'ai assisté à la promotion doctorale de Monsieur Dortoman qui est à présent professeur. Il est vrai que c'est un enfant de Montpellier. Car un étranger à cette ville ne consacre pas tant d'argent à son doctorat, sauf s'il espère accéder au professorat sur place. À ces démonstrations de luxe près, la promotion de type ordinaire est analogue à l'autre : car le futur candidat doit d'abord obtenir le baccalauréat, puis la licence. Ensuite il écrit ses thèses, et les docteurs argumentent plusieurs jours de suite contre lui, en public ; le dernier jour, c'est au tour des étudiants de jouter de la même manière à son encontre.

On se fait recevoir docteur quand on veut, mais habituellement on est seul en cette affaire, car je n'ai jamais vu deux candidats se faire promouvoir ensemble. Même si l'on ne donne pas de banquet, la dépense se monte au total à près de cent francs [= cent livres tournois], voire davantage, pour les gants, les cierges, les dragées et pour tous les *gradus*, et cela même quand il ne s'agit que de la méthode ordinaire, *communi modo*, telle que je viens de l'évoquer. Par ailleurs, le *collegium* est un édifice qui n'a rien de somptueux ; on n'y trouve qu'une seule salle où l'on donne les cours, et une autre où l'on passe le doctorat. On sonne une grosse cloche dans ce *collegium* pour annoncer quelque événement, qu'il s'agisse de *lectiones*, de *promotiones* ou d'autres affaires. La cloche se trouve près du collège, dans une vieille tour, près de la grande place, où se dressait autrefois une église : pour aller de ce côté, on prend la direction de la rue de la Blanquerie.

À côté de nombreux autres *privilegiis*, autrement dit libertés, dont jouit l'université, il en est un également qui est considérable et fort avantageux pour les étudiants : on ne peut pas verser à un professeur son traitement (qui se monte a deux cens couronnes françaises par an, soit six cents livres tournois) dans les chambres royales des comptes où ce salaire est ordonnancé, si le professeur n'amène pas avec lui quelques étudiants parmi lesquels un *consiliarius* ou conseiller, je veux dire un membre du conseil des étudiants (ce conseil estudiantin comprend quatre membres). À cette occasion, le *consiliarius* certifie au nom des étudiants que le professeur a fait son cours avec application et diligence. En outre, les professeurs doivent interrompre leur cours ou leurs discussions de séminaire, à la demande des étudiants, dès lors que cela plaît ou déplaît à ceux-ci. En effet, aussitôt que les élèves se mettent à réclamer la fin du cours, ils commencent à taper des pieds, des plumes et des mains ; si le maître n'arrête pas tout de suite son débit verbal, ils poussent de telles clameurs qu'on ne s'entend plus. En conséquence le professeur doit, bien souvent contre son gré, cesser son discours et puis s'en aller.

[…] Il se fait également de grandes festivités quand un apothicaire ou un chirurgien devient maître. J'ai assisté ainsi à la promotion en maîtrise de deux apothicaires, Maître Laurent Catalan et le fils aîné de Maître Bernhardin. Ils furent examinés bien trois jours d'affilée par tous les apothicaires, et questionnés sur tous les remèdes possibles. Enfin, on leur demanda de produire quatre chefs-d'œuvre à leurs frais chez différents maîtres ; comme des tablettes de *diacarthame*, un emplâtre *diachylon*, de la thériaque et une confection d'*alkermès* ou quelque chose du même genre. Le candidat doit encore subir bien d'autres épreuves et il lui faut aussi faire un exposé sur les endroits où il a travaillé […]. Pour conclure, il offre, en soirée, une sérénade avec trompettes et instruments à cordes aux docteurs chirurgiens et apothicaires devant leurs maisons. Le lendemain, il est mené en musique et en grande pompe à travers la ville par tous les maîtres apothicaires en robe jusqu'au *collegium* du pape *Urbanus*. Là, il prononce un long discours, et prête serment. Puis un apothicaire lui confère la maîtrise en présence des docteurs et d'un grand concours de peuple. On persiste à distribuer du sucre en quantité. Enfin, on reconduit le nouveau maître chez lui en musique et en procession.

Le Voyage de Thomas Platter, 1595-1599, t. II du *Siècle des Platter*, présenté par Emmanuel Le Roy Ladurie, traduction E. Le Roy Ladurie et F.-D. Liechtenban, Fayard, 2000

Eugène de Rastignac, venu de Charente pour étudier le droit à Paris

Le notariat, le droit, la vie des clercs et les blagues des saute-ruisseaux ont passionné Honoré de Balzac (1799-1850) davantage que l'université. En revanche, il fut parmi ceux qui connaissaient le mieux la « vie de bohème », plaque tournante des plus hauts succès ou des chutes vertigineuses. Eugène de Rastignac – le plus grand arriviste de La Comédie humaine *– se devait de commencer comme obscur provincial, vaguement apprenti juriste…*

Madame Vauquer, née de Conflans, est une vieille femme qui, depuis quarante ans, tient à Paris une pension bourgeoise établie rue Neuve-Sainte-Geneviève, entre le quartier Latin et le faubourg Saint-Marceau.

[...] Le troisième étage se composait de quatre chambres, dont deux étaient louées, l'une par une vieille fille nommée Mademoiselle Michonneau, l'autre par un ancien fabricant de vermicelles, de pâtes d'Italie et d'amidon qui se laissait nommer le père Goriot.

Les deux autres chambres étaient destinées aux oiseaux de passage, à ces infortunés étudiants qui comme le père Goriot et Mademoiselle Michonneau, ne pouvaient mettre que quarante-cinq francs par mois à leur nourriture et à leur logement ; mais madame Vauquer souhaitait peu leur présence et ne les prenait que quand elle ne trouvait pas mieux : ils mangeaient trop de pain. En ce moment, l'une de ces deux chambres appartenait à un jeune homme venu des environs d'Angoulême à Paris pour y faire son Droit, et dont la nombreuse famille se soumettait aux plus dures privations afin de lui envoyer douze cents francs par an. Eugène de Rastignac, ainsi se nommait-il, était un de ces jeunes gens façonnés au travail par le malheur, qui comprennent dès le jeune âge les espérances que leurs parents placent en eux, et qui se préparent une belle destinée en calculant déjà la portée de leurs études, et, les adaptant par avance au mouvement futur de la société, pour être les premiers à la pressurer.

[...] Outre les sept pensionnaires internes, Madame Vauquer avait, bon an, mal an, huit étudiants en droit ou en Médecine, et deux ou trois habitués qui demeuraient dans le quartier, abonnés tous pour le dîner seulement.

[...] Eugène de Rastignac était revenu [à Paris] dans une disposition d'esprit que doivent avoir connue les jeunes gens supérieurs, ou ceux auxquels une position difficile communique momentanément les qualités des hommes d'élite. Pendant sa première année de séjour à Paris, le peu de travail que veulent les premiers grades à prendre dans la Faculté l'avait laissé libre de goûter les délices visibles du Paris matériel. Un étudiant n'a pas trop de temps s'il veut connaître le répertoire de chaque théâtre, étudier les issues du labyrinthe parisien, savoir les usages, apprendre la langue et s'habituer aux plaisirs particuliers de la capitale ; fouiller les bons et les mauvais endroits, suivre les cours qui amusent, inventorier les richesses des musées. Un étudiant se passionne alors pour des niaiseries qui lui paraissent grandioses. Il a son grand homme, un professeur du Collège de France, payé pour se tenir à la hauteur de son auditoire. Il rehausse sa cravate et se pose pour la femme des premières galeries de l'Opéra-Comique. Dans ces initiations successives, il se dépouille de son aubier, agrandit l'horizon de sa vie, et finit par concevoir la superposition des couches humaines qui composent la société. S'il a commencé par admirer les voitures au défilé des Champs-Élysées par un beau soleil, il arrive bientôt à les envier. Eugène avait subi cet apprentissage à son insu, quand il partit en vacances, après avoir été reçu bachelier ès lettres et bachelier en droit.

Après ces humbles débuts, Rastignac rencontre d'autres jeunes carriéristes. Il s'aperçoit que le fabricant de vermicelles n'est autre que le richissime « père Goriot », boudé par ses filles – Goriot n'est pas assez chic –, mais prêt à tout pour qu'elles soient riches, belles et courtisées. Rastignac entreprend de séduire l'une d'elles pour obtenir argent et relations. Les études passent au second plan.

L'étudiant n'étudia plus. Il allait aux cours pour y répondre à l'appel, et quand il avait attesté sa présence, il décampait.

Il s'était fait le raisonnement que se font la plupart des étudiants. Il réservait ses études pour le moment où il s'agirait de passer ses examens ; il avait résolu d'entasser ses inscriptions de seconde et de troisième année, puis d'apprendre le droit sérieusement et d'un seul coup au dernier moment. Il avait ainsi quinze mois de loisirs pour naviguer sur l'océan de Paris, pour s'y livrer à la traite des femmes, ou y pêcher la fortune. [...]

Le monde était à lui !

Honoré Balzac, *Le Père Goriot*, 1835

Ippolito Nievo à Padoue

Né dans une famille du Frioul et de Vénétie (les deux régions sont liées), Ippolito Nievo (1831-1861) fait des études de droit tout en se passionnant pour le Risorgimento, le mouvement révolutionnaire italien. Engagé aux côtés de Garibaldi, il meurt dans un naufrage. Il laisse plusieurs livres, dont un chef-d'œuvre autobiographique, Les Confessions d'un Italien, *où son expérience se trouve transposée d'une génération, au temps de Napoléon Ier.*

Mon existence à Padoue était celle d'un étudiant pauvre. À mon costume on m'aurait pris pour le domestique de quelque prêtre, et je portais modestement les insignes de la nation italienne, comme on le faisait au temps de Galilée, quand les Grecs, les Espagnols, les Anglais, les Allemands, les Polonais et les Norvégiens accouraient pour étudier dans cette Université. [...] Mes camarades de collège étaient pour la plupart des montagnards mal dégrossis, sales et ignorants : une pépinière de futurs chanceliers pour vaniteux châtelains exerçant haute et basse justice ou de notaires véreux pour les tribunaux criminels. Ils faisaient la fête, se querellaient entre eux, entraient sans cesse en conflit avec les sbires, les bouchers, les cabaretiers ; surtout les cabaretiers, car ceux-ci se mettaient en tête de les empêcher de partir s'ils n'avaient pas d'abord payer leur écot. Le litige s'achevait régulièrement devant le tribunal spécialement affecté aux étudiants, où, pour ne point encourir la colère de ces derniers (colère aussi implacable qu'elle était injuste et excessive), les juges faisaient preuve de bon sens en leur donnant immanquablement raison. Les étudiants d'origine patricienne se tenaient soigneusement à l'écart de toute cette canaille, et plus par peur, sans doute, que par vanité nobiliaire. Et puis il y avait les étudiants de la classe moyenne, celle du plus grand nombre, des indécis, des pondérés, qui, au début de mois, se mêlaient aux coûteux plaisirs des nobles et, la bourse vide en fin de mois, recouraient aux bruyantes beuveries des autres. Ils disaient du mal des nobles avec les rustres et vice-versa. Puis, une fois entre eux, ils se moquaient des deux autres classes, véritables précurseurs de cette classe moyenne sans cervelle et sans cœur qui, par la suite, se crut démocrate parce qu'elle était aussi incapable d'obéir que de commander.

Cependant, les bouleversements de France parvinrent à troubler en quelque manière le caractère creux et fragile de la gent estudiantine. Le sang bout et veut bouillir à tout prix dans les veines juvéniles, et les jeunes gens sont comme les mouches qui, même privées de tête, continuent à bourdonner. Parmi les patriciens, on vit des réformateurs applaudir la révolution ; les timides cléricaux furent épouvantés ; parmi les plébéiens, quelques-uns rugirent à la façon de Marat. Mais les inquisiteurs d'État remirent tout le monde dans le droit chemin. La majorité des étudiants, englués dans l'adoration grégaire de

Saint-Marc, protestaient bruyamment contre les lointains Français : bravade habituelle des obséquieux qui, un instant plus tard, s'inclineront servilement devant leurs nouveaux maîtres. Les étudiants de la bourgeoisie attendaient, espéraient, caquetaient : il leur semblait que le gouvernement des nobles devait tôt ou tard leur revenir du fait de la pente naturelle des choses. Une fois qu'ils tiendraient le pouvoir, ils se promettaient de ne pas le laisser tomber plus bas. Mais ils se gardaient bien de crier à pleins poumons. Ils chuchotaient, ils murmuraient, comme qui préserve sa voix et ses forces pour un meilleur moment. Les Inquisiteurs, comme on l'imagine, avaient mille yeux pour observer ce bouillonnement d'opinions, d'espoirs et de passions. De temps à autre, un frelon qui bourdonnait trop fort tombait dans les fils qu'avait tendus certaine araignée. On transportait en barque le frelon jusqu'à Venise, et, une fois passé le pont des Soupirs, on n'entendait plus jamais parler de lui. Et c'est par de tels subterfuges, de tels tours de passe-passe – très efficaces, en effet, dans l'enfance d'un peuple –, qu'on s'imaginait sauver la Sérénissime de la catastrophe qui la menaçait.

Pour moi, j'avais alors trop de souvenirs à caresser, trop de souffrances à endurer, pour que mon cerveau se mît à pêcher dans ces eaux troubles. J'avais entendu parler une ou deux fois de la France comme d'un pays si lointain qu'il m'était impossible de comprendre comment les folies qu'on y faisait pouvaient nous importer. De fait, la révolution avait pour moi un air de folie, et rien de plus. L'automne qui suivait ma première année de droit fut comme un sceau qui confirma mon incurie politique. […]

Ippolito Nievo, *Les Confessions d'un Italien*, Fayard, 2006

Marie Curie à la faculté des sciences de Paris

La jeune Marie Sklodowska [surnommée ici Mania] – future Marie Curie (1867-1934), prix Nobel de physique en 1903 et de chimie 1911 – se prend de passion pour les études dans sa Pologne natale. Vouée à un avenir de préceptrice ou d'enseignante, elle décide de gagner Paris afin d'y développer son vif intérêt pour les sciences.

C'est la première fois que Mania respire l'air d'un pays libre. Et, dans son enthousiasme, tout lui paraît miraculeux. Miraculeux que les badauds flânant sur les trottoirs parlent le langage de leur choix, miraculeux que les libraires vendent sans contrainte les ouvrages du monde entier… Miraculeux surtout que ces avenues droites, inclinées en pente douce vers le cœur de la ville, la conduisent, elle, Mania Sklodowska, aux portes grandes ouvertes d'une université. Et quelle université ! La plus fameuse, celle qu'il y a des siècles on décrivait déjà comme un « abrégé de l'Univers », celle-là même dont Luther disait : « C'est à Paris que se trouve la plus célèbre et la plus excellente école : on l'appelle la Sorbonne » !

[…] Ce palais du Savoir offre en 1891 un aspect singulier. La Sorbonne, que l'on reconstruit depuis dix ans, ressemble à quelque géant serpent python en train de changer de peau. Derrière la longue façade neuve, trop blanche, les bâtiments vétustes datant de Richelieu voisinent avec des chantiers où résonne le choc des pioches. Ce branle-bas met dans la vie des étudiants un désordre pittoresque. Les cours émigrent d'une salle à une autre, à mesure que les travaux avancent. Des laboratoires provisoires ont dû être installés dans de vieilles maisons désaffectées de la rue Saint-Jacques.

Mais qu'est-ce que cela fait, puisque,

cette année comme les autres années, on lit sur l'affiche blanche collée au mur près de la loge du portier :

RÉPUBLIQUE FRANÇAISE
Faculté des sciences – Premier semestre
Les cours s'ouvriront à la Sorbonne
le 3 novembre 1891

Mots magiques, mots chatoyants !...

Avec le petit argent qu'elle a amassé, rouble à rouble, la jeune fille a conquis le droit d'écouter, parmi les innombrables leçons dont l'horaire compliqué couvre l'affiche, celles qu'il lui plaît de choisir. Elle a sa place dans les « salles de manipulations », où, guidée, conseillée, elle peut, sans tâtonnements, manier des appareils, réussir des expériences simples. Mania est maintenant – ô délices ! – une étudiante à la Faculté des sciences.

[...] Elle est fascinée par quelques graves messieurs auxquels elle veut arracher leurs secrets et qui se nomment les « professeurs de l'enseignement supérieur ». Selon la règle honorable de l'époque, ils font leurs cours en cravate blanche, vêtus d'habits noirs éternellement tachés de craie. Marie vit dans la contemplation de ces habits solennels, de ces barbes grises.

[...] En mathématiques et en physique, Marie découvre des trous énormes dans son savoir. Comme il va falloir travailler pour conquérir le titre magnifique qu'elle convoite à tous les instants : Licenciée ès Sciences !

Aujourd'hui, Paul Appell fait son cours. Clarté de l'exposition, pittoresque du style. Marie est arrivée une des premières. Dans l'amphithéâtre en gradins, qu'éclaire chichement la lumière de décembre, elle a choisi une place en bas, près de la chaire. Elle dispose méthodiquement son porte-plume, et le cahier recouvert de toile grise sur lequel, tout à l'heure, elle prendra des notes, de sa jolie écriture régulière. D'avance, elle se recueille, elle concentre son attention, sans même entendre autour d'elle le bourdonnement grandissant des bavardages, qu'interrompt brutalement l'entrée du professeur.

Il est surprenant, le silence tendu que certains maîtres savent créer... Les jeunes hommes courbés, aux beaux visages fripés par le travail intellectuel, inscrivent à mesure les équations que trace au tableau la main du savant. Il n'y a plus ici que des élèves passionnés. Place aux mathématiques !

Dans son habit rigide, avec sa barbe carrée, Appell est superbe. Sa voix calme articule chaque syllabe avec un peu de lourdeur alsacienne. Ses démonstrations sont si élégantes, si claires, qu'elles semblent escamoter les périls et réduire le Monde à merci. Puissant, tranquille, il s'aventure dans les régions les plus ténues de la connaissance, il jongle avec les chiffres, avec les astres. Et comme les images ne lui font pas peur, il dit d'un ton naturel, en accompagnant les mots d'un geste aisé de grand propriétaire :

– Je prends le soleil, et je le lance...

À son banc, la Polonaise a un sourire d'extase. Sous le vaste front bombé, ses yeux gris, si pâles, s'illuminent de bonheur. Comment peut-on trouver la science aride ? Est-il quelque chose de plus ravissant que les règles immuables qui gouvernent l'Univers, et de plus admirable que l'intelligence humaine, capable de les découvrir ? Comme les romans paraissent vides et les contes de fées privés d'imagination, auprès de ces phénomènes extraordinaires, reliés entre eux par des principes harmonieux, de cet ordre dans le désordre apparent... [...]

– Je prends le soleil, et je le lance... Pour entendre cette phrase, prononcée par un savant paisible et majestueux, il valait la peine de lutter et de souffrir au loin, pendant toutes ces années.

Ève Curie, *Madame Curie*,
Gallimard, 1938

Penser l'Université

Dès le Moyen Âge, l'Université se trouve confrontée à deux exigences : diffuser le savoir et produire du savoir. Elle est une corporation, un « corps », une union des professeurs et des étudiants voués à l'étude. Elle fournit également des cadres à toute l'Europe, et à toutes les sociétés. Fière de son autonomie face aux pouvoirs politiques, religieux ou financiers, l'Université s'interroge : faut-il d'abord privilégier la recherche ou faut-il former à des métiers et à la vie pratique. Sans cesse relancé, le débat n'est toujours pas clos. Science pure ou débouchés ?

La bulle intitulée Parens scientiarum universitas *datée du 13 avril 1231, émane de la chancellerie du pape Grégoire IX (1227-1241). Elle fait suite aux lettres du légat Robert de Courçon (1215), donnant les principaux privilèges qui consacrèrent l'indépendance juridictionnelle et intellectuelle de l'université de Paris. Dans la moitié nord de l'Europe (Paris, Oxford), les universités étaient avant tout des associations de maîtres ou des fédérations d'écoles.*

Grégoire Évêque, serviteur des serviteurs de Dieu, à ses chers fils, tous les maîtres et étudiants de Paris, salut et bénédiction apostolique. […]

Ainsi, en ce qui concerne le statut des étudiants et des écoles, avons-nous décidé que l'on devra appliquer les règles suivantes : celui qui sera choisi comme chancelier de Paris devra, lors de son institution, jurer devant l'évêque, ou à son mandement, dans le chapitre de Paris, en présence de deux maîtres convoqués pour cela et représentant de l'Université des étudiants, que pour le groupement de la théologie et des décrets, loyalement et selon sa conscience, il n'accordera la licence d'enseigner qu'à des hommes dignes en fonction du lieu et du moment, selon le statut de la cité, l'honneur et le renom des facultés, et la refusera aux indignes, toute considération de personne ou d'origine étant écartée. Avant d'accorder une licence à qui que ce soit, dans les trois mois à partir de la demande de licence, il devra faire examiner avec diligence tant par tous les maîtres en théologie présents dans la cité que par d'autres personnes honnêtes et cultivées, par lesquelles on peut connaître la valeur, et ses ambitions et autres choses que l'on examine dans ces circonstances : ayant ainsi examiné ce qu'il convient de faire et ce qu'il paraît opportun, en son âme et conscience il donnera ou refusera au candidat la licence demandée.

Quant aux maîtres en théologie et en décret, lorsqu'ils commenceront à donner des leçons, ils prêteront serment en public de porter fidèlement témoignage sur les choses susdites. Le chancelier jurera aussi de ne révéler en aucun cas le propos des maîtres à leurs détriments, la liberté et le droit des chanoines de Paris demeurant dans leur vigueur initiale. Pour les médecins, les artistes et les autres, le chancelier promettra d'examiner loyalement les maîtres et d'admettre les gens dignes à l'exclusion des indignes. Au reste, il est vrai que le mal se glisse facilement là où règne le désordre, nous vous accordons le pouvoir d'établir de sages constitutions ou règlements sur les méthodes et horaires des leçons, des discussions, sur la tenue souhaitée, sur les cérémonies funéraires, sur les bacheliers : qui doit leur donner des leçons, à quelle heure et quel auteur choisir ; sur la taxation des loyers et l'interdiction de certaines maisons ; et le pouvoir de châtier comme il faut ceux qui se rebelleront contre ces constitutions ou règlements en les excluant [...].

Celui qui aura commis un crime nécessitant l'emprisonnement sera détenu dans la prison de l'évêque, interdiction absolue étant faite au chancelier d'avoir une prison particulière. Nous interdisons en outre qu'un étudiant soit arrêté pour une dette, alors que cela est interdit par des décisions canoniques régulières. Ni l'évêque, ni son official ni le chancelier ne devront prononcer de peine pécuniaire pour relever d'une excommunication ou de quelque autre censure. Le chancelier ne devra exiger des maîtres auxquels il accorde la licence aucun serment, aucune marque de soumission ou autre caution et ne réclamera pour cet accord aucune somme d'argent ou obligation, mais se contentera du serment indiqué plus haut. Nous interdisons formellement que les étudiants se déplacent en armes et que l'Université défende ceux qui troublent la paix et l'étude. Ceux qui feignent d'être étudiants sans fréquenter les écoles ni avoir de maîtres ne devront pas jouir des franchises (*libertas*) des étudiants [...].

Que personne n'enfreigne cette décision, constitution, concession, défense et interdiction ou n'ose s'opposer à elle par une audace téméraire. Et si quelqu'un ose y attenter, qu'il sache qu'il encourera l'indignation de Dieu tout puissant et des bienheureux Pierre et Paul Apôtres. Donné au Latran, aux Ides d'avril, en la cinquième année de notre pontificat.

« Chartularium Universitatis Parisiensis », éditions H. Denifle et E. Chatelain, Paris, Delalain, 1889

Quæstio, disputatio, quodlibet

Dépréciée par la Renaissance et les Lumières, la scolastique n'en fut pas moins – avant sa sclérose tardive – un outil neuf et remarquable sans lequel l'Université n'aurait pas connu son développement. Méthode intellectuelle et vision du monde, elle est l'une des bases de la pensée occidentale. Jacques Le Goff fait la synthèse dans un livre majeur : Les Intellectuels au Moyen Âge *(1957, édition revue en 1985).*

À la base le commentaire de texte, la *lectio*, analyse en profondeur, qui part de l'analyse grammaticale qui donne la lettre (*littera*), s'élève à l'explication logique qui fournit le sens (*sensus*) et s'achève en exégèse qui révèle le contenu de science et de pensée (*sententia*).

Mais le commentaire donne naissance à la discussion. La dialectique permet de dépasser la compréhension du texte pour traiter les problèmes qu'il soulève, le fait s'effacer devant la quête de la vérité. Toute une problématique remplace l'exégèse. Selon des procédés appropriés la *lectio* se développe en *quæstio*. L'intellectuel universitaire naît à partir du moment où il « met en question » le texte qui n'est plus qu'un support, où de passif il devient actif. Le maître n'est plus un exégète mais un penseur. Il donne ses solutions, il crée. Sa conclusion de la quæstio : la *determinatio* est l'œuvre de sa pensée.

La *quæstio*, au XIIIe siècle, se détache même de tout texte. Elle existe en elle-même. Avec la participation active des maîtres et des étudiants, elle fait l'objet d'une discussion, elle est devenue la *disputatio*.

Le Père Mandonnet en a donné une description classique : « Quand un maître disputait, toutes les leçons données dans la matinée par les autres maîtres et les bacheliers de la Faculté cessaient, seul le maître qui tenait sa dispute faisait une courte leçon pour permettre aux assistants d'arriver ; puis la dispute commençait. Elle occupait une partie plus ou moins considérable de la matinée. Tous les bacheliers de la faculté et les étudiants du maître qui disputait devaient assister à l'exercice. Les autres maîtres et étudiants, semble-t-il, étaient libres ; mais il n'est pas douteux qu'ils s'y rendaient plus ou moins nombreux selon la réputation du maître et l'objet de la discussion. Le clergé parisien ainsi que les prélats et autres personnalités ecclésiastiques de passage dans la capitale fréquentaient volontiers ces joutes qui passionnaient les esprits. La dispute était le tournoi des clercs.

La question à disputer était fixée, à l'avance, par le maître qui devait soutenir la dispute. Elle était annoncée, ainsi que le jour fixé, dans les autres écoles de la faculté…

La dispute se tenait sous la direction du maître ; mais ce n'était pas, lui, à proprement parler, qui disputait. C'était son bachelier qui assumait l'office de répondant et commençait ainsi son apprentissage de ces exercices. Les objections étaient présentées, d'ordinaire, dans des sens divers, d'abord par les maîtres présents, puis par les bacheliers, et finalement, s'il y avait lieu, par les étudiants. Le bachelier répondait aux arguments proposés, et, quand il était nécessaire, le maître lui prêtait son concours. Telle était, sommairement, la physionomie d'une dispute ordinaire ; mais ce n'en était là que la première partie, bien que la principale et la plus mouvementée.

Les objections proposées et résolues, au cours de la dispute, sans ordre préétabli, présentaient finalement une matière doctrinale assez désordonnée, moins semblable cependant aux débris d'un champ de bataille qu'aux matériaux demi-ouvrés d'un chantier de construction. C'est pourquoi à cette séance d'élaboration en succédait une seconde, qui portait le nom de *détermination magistrale*.

Le premier jour lisible, comme on disait alors, c'est-à-dire le premier jour où le maître qui avait disputé pouvait donner sa leçon, car un dimanche, un jour de fête, ou quelque autre obstacle pouvait empêcher que ce fût le lendemain même de la dispute, le maître reprenait dans son école la matière disputée la veille ou quelques jours plus tôt. Il coordonnait d'abord, autant que la matière le permettait, dans un ordre ou une succession logique les objections présentées contre sa thèse et leur donnait leur formule définitive. Il faisait suivre ces objections de quelques arguments en faveur de la doctrine qu'il allait proposer. Il passait ensuite à un exposé doctrinal, plus ou moins étendu, de la question débattue, et qui fournit la partie centrale et essentielle de la *détermination*. Il finissait en répondant à chacune des objections proposées contre la doctrine de sa thèse…

L'acte de *détermination*, confié à

l'écriture par le maître ou un auditeur, constitue ces écrits que nous appelons les Questions disputées et qui sont le terme final de la dispute. »

Enfin, dans ce cadre, un genre spécial se développa la dispute *quodlibétique*. Deux fois par an les maîtres pouvaient tenir une séance où ils s'offraient à traiter un problème *posé par n'importe qui sur n'importe quel sujet* (*de quolibet ad voluntatem cujuslibet*). [...]

Ainsi se développe la scolastique, maîtresse de rigueur, stimulatrice de pensée originale dans l'obéissance aux lois de la raison. La pensée occidentale allait en rester à jamais marquée [...].

Jacques Le Goff,
Les Intellectuels au Moyen Âge,
[1957], Points Seuil, 1985

L'Université impériale

La disparité des courants d'opinion et des tendances que la période révolutionnaire laissa derrière elle incitent Napoléon Bonaparte à créer une unité spirituelle au sein de l'enseignement, garante d'une unité politique, qu'il réalisa par la fondation de l'Université impériale. La loi du 10 mai 1806 définissait ainsi l'institution :

Article 1. Il sera formé, sous le nom d'Université impériale, un corps chargé exclusivement de l'enseignement et de l'éducation publique dans tout l'empire.
Art. 2. Les membres du corps enseignant contracteront des obligations civiles spéciales et temporaires.
Art. 3. L'organisation du corps enseignant sera présentée en forme de loi, au Corps législatif, à la session de 1810.

Pour la première fois, un corps enseignant était créé et le décret du 17 mars 1808 faisait de l'Université impériale une organisation de l'enseignement autonome.

Article 1. L'enseignement public, dans tout l'Empire, est confié exclusivement à l'Université.
Art. 2. Aucune école, aucun établissement quelconque d'instruction ne peut être formé hors de l'Université impériale, et sans l'autorisation de son chef.
Art. 3. Nul ne peut ouvrir d'école, ni enseigner publiquement, sans être membre de l'Université impériale, et gradué par l'une de ses facultés. Néanmoins l'instruction dans les séminaires dépend des archevêques et évêques, chacun dans son diocèse. Ils en nomment et révoquent les directeurs et les professeurs. Ils sont seulement tenus de se conformer aux règlements que les séminaires auront approuvés.
Art. 4. L'Université impériale sera composée d'autant d'académies qu'il y a de cours d'appel.
Art. 5. Les écoles appartenant à chaque académie seront placées dans l'ordre suivant :

1° Les facultés, pour les sciences approfondies et la collation des grades ;

2° Les lycées, pour les langues anciennes, l'histoire, la rhétorique, la logique, les éléments des sciences mathématiques et physiques ;

3° Les collèges, écoles secondaires communales, pour les éléments des langues anciennes et les premiers principes de l'histoire et des sciences ;

4° Les institutions, écoles tenues par des instituteurs particuliers, où l'enseignement se rapproche de celui des collèges ;

5° Les pensions, pensionnats appartenant à des maîtres particuliers, et consacrés à des études moins fortes que celles des institutions ;

6° Les petites écoles, écoles primaires, où l'on apprend à lire, à écrire, et les premières notions de calcul.

Suit la liste des postes à l'université avec leur rang dans l'administration, du premier, le grand maître, au 19e, les maîtres d'études.

« Sur la réforme de l'enseignement »

Marc Bloch (1886-1944), le grand historien fondateur des Annales *et résistant mort pour la France, a laissé une analyse pénétrante et juste des causes de la défaite. Outre l'incapacité du commandement, il rend également la politique universitaire de l'avant-guerre responsable d'une certaine « défaite de l'intelligence et du caractère ».*

Tout malheur national appelle, d'abord, un examen de conscience ; puis (car l'examen de conscience n'est qu'une délectation morose, s'il n'aboutit à un effort vers le mieux) l'établissement d'un plan de rénovation. Quand, après la victoire prochaine, nous nous retrouverons entre Français, sur une terre rendue à la liberté, le grand devoir sera de refaire une France neuve.

Or, de tant de reconstructions indispensables, celle de notre système pédagogique ne sera pas la moins urgente. Qu'il s'agisse de stratégie, de pratique administrative ou, simplement, de résistance morale, notre effondrement a été avant tout, chez nos dirigeants et (pourquoi ne pas avoir le courage de l'avouer ?) dans toute une partie de notre peuple, une défaite à la fois de l'intelligence et du caractère. C'est dire que, parmi ses causes profondes, les insuffisances de la formation que notre société donnait à ses jeunes ont figuré au premier rang.

[…] Il importe que pour l'éducation de ses jeunes comme pour le développement permanent de la culture dans l'ensemble de ses citoyens, la France de demain sache dépenser incomparablement plus qu'elle ne s'y est résignée jusqu'ici.

Deux épisodes ont, à cet égard, brutalement caractérisé, avant-guerre, l'attitude des éléments mêmes que la défaite devait hisser au pouvoir et que la victoire en précipitera bientôt. Lorsque, ministre de la « prospérité », André Tardieu établit un vaste plan d'« outillage national », il commença par proscrire purement et simplement, de cet équipement d'une France heureuse, tout armement scientifique (plus tard, si je ne me trompe, un repentir de la dernière heure fit inscrire au budget quelques crédits pour les laboratoires ; car après tout, la Schwerindustrie ne peut ignorer absolument que les techniciens servent à quelque chose ; les bibliothèques par contre continuèrent d'être oubliées ; des « réalistes » ont-ils à se soucier des livres ? et surtout quel besoin les Français trop pauvres pour acheter eux-mêmes des livres auraient-ils de lire ?). Lorsque, ministre de la grande pénitence, Pierre Laval, désireux, avant tout, d'atteindre, par ricochet, les salaires, eut décidé de pratiquer dans les dépenses de la République quelques coupes sombres, on vit, seul entre tous les gouvernements civilisés, le gouvernement français étendre cette épargne aux œuvres de l'intelligence. « Ce qui nous a toujours frappés chez vos gouvernants, me disait naguère un ami norvégien, c'est le peu d'intérêt qu'ils portent aux choses de l'esprit. » Le mot était dur. On voudrait qu'il cessât, à jamais, d'être mérité…

Il nous faudrait donc des ressources nouvelles. Pour nos laboratoires. Pour nos bibliothèques peut-être plus encore, car elles ont été, jusqu'ici, les grandes victimes (bibliothèques savantes ; bibliothèques dites populaires aussi, dont le misérable état, comparé à ce que nous offrent l'Angleterre, l'Amérique, l'Allemagne même, est une des pires hontes de notre pays. Qui a pu sans mélancolie feuilleter le catalogue d'une bibliothèque d'une grande ville, pour ne pas parler des petites et y mesurer l'amenuisement progressif des achats, la décadence de la culture depuis une cinquantaine d'années ? La bourgeoisie dite éclairée ne lit plus guère ; et ceux qui, issus de milieux moins aisés ne demanderaient qu'à lire, les livres ne viennent pas les solliciter). Pour nos entreprises de recherches. Pour nos universités, nos lycées et nos écoles, où il convient que pénètrent l'hygiène et la joie, la jeunesse a le droit de ne plus être confinée entre des murs lépreux, dans l'obscurité de sordides in-pace. Il nous en faudra aussi, disons-le sans fausse honte, pour assurer à nos maîtres de tous les degrés une existence non pas luxueuse certes (ce n'est pas une France de luxe que nous rêvons), mais suffisamment dégagée des menues angoisses matérielles, suffisamment protégée contre la nécessité de gagne-pain accessoires pour que ces hommes puissent apporter à leurs tâches d'enseignement ou d'enquête scientifique une âme entièrement libre et un esprit qui n'aura pas cessé de se rafraîchir aux sources vives de l'art ou de la science.

Mais ces indispensables sacrifices seraient vains s'ils ne s'adressaient à un enseignement tout rajeuni.

Un mot, un affreux mot, résume une des tares les plus pernicieuses de notre système actuel : celui de bachotage. C'est certainement dans l'enseignement primaire que le poison a pénétré le moins avant : sans l'avoir, je le crains, tout à fait épargné. L'enseignement secondaire, celui des universités et les grandes écoles en sont tout infectés.

Mais l'abus des examens n'est peut-être, à son tour, qu'un des signes de déformations plus profondes. [...] Les erreurs des enseignements secondaire et supérieur sont patentes. Elles peuvent s'exprimer brièvement comme il suit.

L'enseignement supérieur a été dévoré par les écoles spéciales, du type napoléonien. Les Facultés même ne méritent guère d'autre nom que celui-là. Qu'est-ce qu'une Faculté des Lettres, sinon, avant tout, une usine à fabriquer des professeurs, comme Polytechnique une usine à fabriquer des ingénieurs ou des artilleurs ? D'où deux résultats également déplorables. Le premier est que nous préparons mal à la recherche scientifique ; que, par suite, cette recherche chez nous périclite. Interrogez à ce sujet un médecin, par exemple, ou un historien ; s'ils sont sincères, leurs réponses ne différeront guère. Par là, soit dit en passant, notre rayonnement international a été gravement atteint : en beaucoup de matières, les étudiants étrangers ont cessé de venir chez nous, parce que nos universités ne leur offrent plus qu'une préparation à des examens professionnels, sans intérêt pour eux. D'autre part, à nos groupes dirigeants, trop tôt spécialisés, nous ne donnons pas la culture générale élevée, faute de laquelle tout homme d'action ne sera jamais qu'un contremaître. Nous formons des chefs d'entreprise qui, bons techniciens, je veux le croire, sont sans connaissance réelle des problèmes humains ; des politiques qui ignorent le monde ; des administrateurs qui ont l'horreur du neuf. À aucun nous n'apprenons le sens critique, auquel seuls (car ici se rejoignent les deux conséquences à l'instant signalées) le spectacle et l'usage de la libre recherche pourraient dresser les cerveaux. Enfin, nous créons, volontairement, de petites sociétés fermées où se développe l'esprit de corps, qui ne favorise ni la largeur d'esprit ni l'esprit du citoyen.

Le remède ? Une fois de plus, il faut, dans ce premier schéma, renoncer au détail. Disons seulement, en deux mots, que nous demandons la reconstitution de vraies universités, divisées désormais, non en rigides facultés qui se prennent pour des patries, mais en souples groupements de disciplines ; puis, concurremment avec cette grande réforme, l'abolition des écoles spéciales. À leur place, quelques instituts d'application technique permettant la préparation dernière à certaines carrières : après, toutefois, un passage obligatoire dans les universités. […]

En résumé, nous demandons, d'un bout à l'autre, une révision raisonnée des valeurs. La tradition française, incorporée dans un long destin pédagogique, nous est chère. Nous entendons en conserver les biens les plus précieux : son goût de l'humain ; son respect de la spontanéité spirituelle et de la liberté ; la continuité des formes d'art et de pensée qui sont le climat même de notre esprit. Mais nous savons que, pour lui être vraiment fidèles, elle nous commande elle-même de la prolonger vers l'avenir.

Marc Bloch, *L'Étrange défaite*, « sur la réforme de l'enseignement » [note rédigée pour les *Cahiers politiques*, 1944], Folio, 1990

Tous acteurs de la réforme

La loi sur les libertés et responsabilités des universités, présentée par Valérie Pécresse, ministre de l'Enseignement supérieur et de la Recherche, a été votée le 10 août 2007. La ministre en rappelle les grandes lignes.

La loi sur les libertés et responsabilités des universités est entrée en vigueur. Étape déterminante pour l'avenir de nos universités, elle porte les fondements de la réforme de l'enseignement supérieur qui se déploiera au cours des cinq prochaines années. La nouvelle université est sur les rails !

Cette loi transforme notre université et lui donne les moyens et la liberté indispensables pour être plus réactive et plus agile dans la compétition mondiale de la connaissance : recruter plus rapidement les meilleurs talents, créer de nouvelles formations et les adapter aux besoins des étudiants et de la société, nouer des partenariats et drainer des fonds grâce aux fondations universitaires.

Pour gagner le pari de la réussite et viser l'excellence, de nouveaux dispositifs seront ainsi à la disposition de tous les membres de la communauté universitaire et de ses partenaires.

À titre d'exemples : pour les étudiants, cette loi donne à l'université une mission d'orientation active et d'insertion professionnelle, nouvelle arme dans la lutte contre l'échec universitaire ; pour les enseignants-chercheurs, cette loi permet d'accélérer les procédures de recrutement et de moduler avec plus de souplesse les activités d'enseignement, de recherche et d'administration. Le personnel administratif bénéficiera, quant à lui, d'un nouveau lieu de dialogue social et d'une politique de gestion des ressources humaines plus proche et plus transparente. Le président d'université disposera d'un pouvoir équilibré. Les différentes composantes de l'université seront associées étroitement à la définition du projet de formation et de recherche de l'établissement.

La loi du 10 août 2007 s'accompagnera d'un effort financier sans précédent de 5 milliards d'euros en cinq ans qui permettra d'améliorer les conditions de vie et de travail de l'ensemble de la communauté universitaire, de renforcer les formations pour une meilleure réussite des étudiants et de développer l'attractivité des métiers de l'enseignement universitaire. L'État sera donc à la fois pilote, partenaire et garant de la mise en œuvre de cette réforme.

Cette loi est synonyme de progrès pour tous. Vous en serez tous les acteurs.

Valérie Pécresse, ministre de l'Enseignement supérieur et de la Recherche, introduction au dossier « Les clés de la réforme des universités » www.nouvelleuniversite.gouv.fr

Un ensemble université/recherche à l'égal des meilleurs mondiaux

Le rapport Attali présenté en janvier 2008 insiste sur la nécessité de former « des générations créatives et confiantes » ; il rappelle que « la croissance dépend à long terme du potentiel de la jeunesse » et que nombre « des plus récentes aventures industrielles et numériques du monde, américaines pour la plupart, ont été créées par des jeunes de moins de 25 ans ». Après le rappel des dépenses d'éducation et de leur répartition, il précise ce que doivent être les clés du changement, puis face à chacun des objectifs, propose un ensemble de décisions, ici numérotées de 11 à 32.

Une dépense d'éducation en constante augmentation

La France consacre une part considérable et croissante de sa richesse à l'éducation : la dépense d'éducation a été multipliée par 1,8 depuis 1980 pour atteindre 6,8 % du PIB aujourd'hui, soit 1 920 euros par habitant et 7 160 euros par élève ou étudiant.

La dépense par élève du primaire a crû de 79 % depuis 1980, pour s'élever à 4 990 euros par élève. La dépense moyenne par élève du secondaire a augmenté de 61 %, atteignant 8 810 euros en 2006. La dépense d'éducation consacrée à l'enseignement supérieur a crû de 120 % depuis 1980 et représente aujourd'hui 9 370 euros par étudiant.

Malgré ces efforts :

- Le taux de chômage des jeunes de 15 à 24 ans est un des plus élevés des pays de l'OCDE (Organisation de coopération et de développement économique), et approche les 22 % en 2007, sans être jamais descendu sous la barre des 15 % depuis 1980 ; [...]

- 41 % des étudiants interrompent leurs études sans avoir de diplôme (11 points de plus que la moyenne de l'OCDE) ; [...]

- Le poids de l'origine sociale n'a jamais autant déterminé les parcours scolaires, et ces derniers n'ont jamais autant déterminé les parcours professionnels :

[...] Dans l'enseignement supérieur, la part des enfants d'origine modeste au sein des grandes écoles (Polytechnique, École nationale d'administration [ENA], Hautes études commerciales [HEC], École normale supérieure [ENS]) a chuté, passant de 30 % dans les années 1950 à seulement 7 % aujourd'hui. Les fils d'ouvriers représentaient 25 % des admis à Polytechnique dans les années 1950, contre seulement 1 % aujourd'hui. Et la proportion est encore plus inégale dans les grands corps de l'État.

Les clés du changement

Le temps est venu de modifier les modes d'éducation, d'orientation et de promotion au sein de la société.

La préoccupation du résultat (qui n'est autre que la réussite de tous les élèves) doit aujourd'hui primer sur la simple exigence de moyens. La France peut faire beaucoup mieux avec les mêmes moyens.

La première mission des universités et des grandes écoles n'est plus le recrutement des fonctionnaires mais celle de donner à chacun directement, quel que soit son milieu d'origine, toutes les chances de trouver son domaine d'excellence, de se préparer aux métiers d'après-demain et de faire progresser le savoir. La préparation à la vie professionnelle doit donc devenir l'un des axes majeurs du projet pédagogique de tout établissement d'enseignement supérieur. C'est loin d'être le cas aujourd'hui. D'abord parce que les universités françaises disposent de beaucoup moins de moyens que celles des autres grands pays : les universités françaises reçoivent 8 700 eurospar étudiant en moyenne contre 36 500 euros aux États-Unis. Ainsi, seules 3 universités françaises sur 86 figurent parmi les cinquante premières dans le classement de Shanghai, et seulement 15 sont dans les 100 premières. Aucune université française ne figure parmi les 100 premières mondiales en médecine et en pharmacie. Seules une ou deux universités françaises sont citées parmi les premières dans les secteurs des sciences agronomiques, informatique et sciences de l'ingénieur.

OBJECTIF. Accompagner les étudiants dès leurs premières années universitaires
L'essentiel se joue dans la première année universitaire, où l'on constate beaucoup d'échecs. Les étudiants des universités sont aujourd'hui laissés pratiquement sans accompagnement, après avoir quitté le lycée où l'encadrement est très serré. C'est une des principales causes de l'échec.
DÉCISION 11. Donner progressivement aux étudiants de licence à l'université un encadrement équivalent à celui des élèves de classes préparatoires aux grandes écoles.
DÉCISION 12. Généraliser l'année de stage validée au cours du cursus universitaire de master.
DÉCISION 13. Renforcer les formations en alternance.
DÉCISION 14. Favoriser le retour à l'université après et pendant une expérience professionnelle.

OBJECTIF. Aider les étudiants à concilier leurs études avec leur emploi
Même en développant largement les bourses et les prêts, certains étudiants continueront, par choix ou par nécessité, à travailler pendant leurs études.
Ils devront être aidés par les universités à trouver des emplois correctement rémunérés utiles à leur formation et valorisés dans leurs études.
Des aménagements devront aussi être prévus pour que cette activité salariée ne constitue pas un handicap pour le bon déroulement de leur cursus.
DÉCISION 15. Mieux organiser avec les entreprises de la région des bourses d'emploi et de stages.
DÉCISION 16. Inciter les universités à organiser des cours du soir et permettre un assouplissement des règles d'étalement des études sur une plus longue période.
DÉCISION 17. Donner aux étudiants salariés un crédit d'*European Credit Transfer System* pour l'obtention de la licence, qui serait d'autant plus élevé que l'emploi est lié au cursus.
DÉCISION 18. Exclure, dans la limite d'un plafond à définir, les revenus tirés d'un emploi étudiant du calcul du plafond d'éligibilité pour les bourses de l'enseignement supérieur et les allocations logement.

OBJECTIF. Investir davantage dans l'enseignement supérieur
L'enseignement supérieur constitue le seul domaine où une part significativement plus élevée du budget de l'État doit être

dégagée, afin de créer les conditions de la croissance future.
DÉCISION 19. Renforcer l'autonomie des universités.
DÉCISION 20. Renforcer l'évaluation de la performance de chaque établissement d'enseignement supérieur.
DÉCISION 21. Augmenter les moyens financiers alloués à l'enseignement supérieur, afin d'accompagner les décisions précédentes.
DÉCISION 22. Développer les financements privés.
DÉCISION 23. Institutionnaliser des « Universités des métiers ».

OBJECTIF. Faire émerger sur le territoire 10 grands pôles universitaires et de recherche de niveau mondial
DÉCISION 24. Distinguer 10 pôles universitaires de taille mondiale alliant pluridisciplinarité et excellence.

OBJECTIF. Ouvrir l'enseignement supérieur à l'international
DÉCISION 25. Proposer, lors de la présidence française de l'Union européenne, de mettre en place un classement annuel des universités européennes.
DÉCISION 26. Développer les cursus en langues étrangères.
DÉCISION 27. Améliorer l'accueil des étudiants, des enseignants et des chercheurs étrangers, et revoir la politique de visas les concernant.
DÉCISION 28. Ouvrir davantage l'enseignement supérieur sur le monde.

OBJECTIF. Rendre notre recherche plus compétitive
La stratégie de Lisbonne, définie en 2000 par l'ensemble des pays membres de l'Union européenne, a donné comme objectif à l'Europe d'être l'économie la plus compétitive du monde d'ici 2010. Pour y parvenir, l'objectif a été fixé pour chaque pays de consacrer 3 % de la richesse nationale à la Recherche et au Développement. Or, à ce jour, cet objectif n'est pas atteint pour la France (2,2 % du PIB contre 2,7 % aux États-Unis, 3,1 % au Japon et dans les pays scandinaves et 2,4 % en Allemagne), en raison notamment du faible niveau de l'investissement privé dans ce domaine (1,2 % du PIB, contre 2,3 % au Japon, 2 % aux États-Unis et 1,7 % en Allemagne).

[…] Le système français de recherche est trop complexe : un Centre national de la recherche scientifique peu évalué par l'extérieur, des chercheurs travaillant trop souvent sans lien direct avec l'enseignement, une insuffisance de grands projets et de coordination entre les établissements spécialisés, dans une extrême dispersion. De plus, le financement, majoritairement issu de financements récurrents, n'est pas lié aux résultats des équipes de recherche tandis que les unités mixtes, soumises à des contrats quadriennaux, placent de fait la recherche universitaire sous la tutelle du CNRS.

Un pilotage stratégique fort par l'État est nécessaire pour fixer les grandes orientations de recherche et faire émerger l'excellence dans certains domaines délibérément choisis.
DÉCISION 29. Financer davantage la recherche publique sur projet et à la performance.
DÉCISION 30. Réformer le statut d'enseignant-chercheur.
DÉCISION 31. Aider la recherche publique à davantage valoriser et appliquer ses découvertes.
DÉCISION 32. Développer la recherche privée.

Extraits du Rapport Attali,
« 300 décisions pour changer la France », 2008

ERASMUS : DES ÉTUDIANTS TÉMOIGNENT

Le programme Erasmus constitue une indiscutable réussite. Lancé en 1987 sur la base de 3 000 étudiants, il a permis à ce jour à plus d'un 1,5 million de jeunes Européens d'effectuer une partie de leurs études à l'étranger (3 mois au minimum, 1 an au maximum). Formidable opportunité linguistique, sociale et culturelle, Erasmus favorise le développement de compétences tournées vers l'international, et s'impose comme un tremplin efficace vers le marché du travail. Si la tendance se confirme, en 2012, ce seront trois millions d'étudiants qui auront bénéficié de ce programme européen.

ÉTUDIANTS FRANÇAIS À L'ÉTRANGER

Vanessa - Pologne (2003)
J'ai fait mon Erasmus à Cracovie en 2003 à l'université Jagiellon. Je suis franco-américaine par ma mère, et d'origine polonaise par mon père. […] Après avoir fait une maîtrise aux États-Unis, j'ai décidé de me mettre sérieusement au polonais et suis partie à Cracovie grâce à une bourse bilatérale attribuée par le ministère des Affaires étrangères français. Ce n'était qu'un mois, mais cette expérience m'a convaincue que si je voulais apprendre le polonais avant d'entrer sur le marché du travail, je devais retourner en Pologne. C'est pourquoi, j'ai choisi de passer un semestre à Cracovie. Pour info, Jagiellon est la plus vieille université d'Europe ! […] Allez à Cracovie ! C'est une ville de taille humaine qui permet une intégration rapide et indolore. […] J'ai été impressionnée par les liens qui existent entre tous les jeunes des pays d'Europe Centrale et Orientale – entre Polonais et Hongrois, Slovaques et Russes… Ils partagent une culture slave très riche en couleurs que nous connaissons encore très mal.

Arnaud - Estonie (2005)
L'esprit Erasmus se résume pour moi en un mot : Ouverture. Je suis parti en Estonie à la Tallinn University of Technology pour une durée de six mois en 2005. […] Je tenais absolument […] à vivre quelque temps à l'étranger pour découvrir un pays qui m'était totalement inconnu. […] J'ai [aujourd'hui] une meilleure vision des pays de l'Est en général et je la fais partager autour de moi. Ce semestre est passé très très vite. J'ai découvert un pays, une culture et des personnes avec qui j'ai tissé des liens d'amitié. Tallinn est devenu en quelque sorte mon deuxième chez-moi : j'y retourne chaque année. […] Cette période à l'étranger m'a permis de comprendre à quel point il est important de poursuivre la construction de l'Europe et surtout, de diffuser au maximum cet état d'esprit encore minoritaire chez nous. Quelle ne fut pas ma déception lorsque j'ai appris le rejet de la Constitution européenne : tous les autres Erasmus nous demandaient pourquoi les Français s'étaient exprimés de la sorte ! Ce semestre en Estonie m'a aussi appris à aller vers les gens. […] Aujourd'hui, avec les difficultés que rencontrent les jeunes pour trouver un job, je pense de plus en plus à repartir dans ce pays qui m'a accueilli pendant six mois. Travailler au sein de l'Union européenne est devenu un projet que je travaille chaque jour. Le premier conseil que je donnerais est de partir dans un pays que l'on souhaite réellement découvrir : peu importe si c'est loin ou si on ne sait pas trop ce qu'on va y trouver.

Nicolas - Finlande (2006)
[…] Je suis parti six mois en Finlande, à Hanken – Swedish School of Economics and Business Administration. J'ai toujours été attiré par les pays scandinaves, notamment par leur mode de vie assez avancé par rapport à chez nous, dans certains domaines : environnement, social, niveau de vie, éducation… L'accueil s'est très bien passé. L'université a mis en place des tuteurs pour nous accueillir et le personnel était très à l'écoute de nos besoins. […] Les différences entre les deux systèmes d'enseignement sont très importantes. […] Ici les cours proposés sont basés sur de nombreuses lectures d'articles à faire avant le cours. Ensuite les enseignants insistent beaucoup plus sur la participation. Ceci amène les élèves à trouver des solutions par eux-mêmes grâce à des enseignements plus innovants : travaux de groupes, présentation, jeux de rôles… Cette année d'études à l'étranger m'a apporté des rencontres, des découvertes et une ouverture à d'autres cultures. La vie en colocation permet de vivre en mini-collectivité. À un niveau plus pratique, mon anglais s'améliore de jour en jour, et c'est important pour l'avenir.

Grégory - Angleterre (2007)
Je trouve le changement d'environnement très positif ! Je suis parti en Angleterre en 2006-2007 pour effectuer ma troisième année de licence de droit. Ma première motivation était de pouvoir valider mon année d'étude autrement qu'en travaillant sans arrêt et surtout changer d'air. Je

voulais avant tout maîtriser l'anglais. [...] Niveau études, on rame au début, mais le régime spécial accordé aux étudiants Erasmus en droit m'a permis de tenir la route et d'avoir des notes raisonnables. Les matières choisies étaient très intéressantes, et surtout enseignées d'une autre manière qu'en France. On privilégiait plutôt le travail personnel et le regard critique de l'étudiant sur la matière juridique. La vie étudiante anglaise étant très développée (sport, associations, soirées), on n'a pas le temps de s'ennuyer ! [...] Personnellement, j'ai opté pour la solution commune à tous les Erasmus, la colocation : avec une Lituanienne, un Coréen, un Indien, et une Française ! Au fil du temps, tout le monde s'organise et s'accommode aux habitudes des autres pour créer la légendaire « auberge espagnole ». [...] J'étais très excité à l'idée de m'installer une année en Angleterre et connaître « le choc des cultures ». En effet, même si ce sont nos proches voisins, nous sommes très différents sur de nombreux points ! [...] Le programme Erasmus, permettant d'obtenir différentes bourses, met à la portée de tous l'opportunité de voyager, étudier et faire des rencontres uniques. Une chance à saisir !

ÉTUDIANTS ÉTRANGERS EN EUROPE

Angeles, espagnol - Irlande (1994)
J'ai fait mon année 1994 à Coleraine en Irlande. Ce fut une grande découverte pour moi, une ouverture sur le monde, l'occasion de rencontrer des gens originaires de différents pays, aux parcours très diversifiés, mais finalement si semblables ! C'est vrai, notre nourriture, notre langue et notre vie sont différentes, mais... nous connaissons tous les mêmes sentiments. L'expérience Erasmus a changé ma vie, elle m'a enrichi, je me suis senti plus intelligent et plus heureux grâce à elle. [...] Je n'ai plus été le même après ça, je me suis senti plus international au quotidien et il était indispensable pour moi de vivre ou de travailler dans un environnement multiculturel ou multinational. Aujourd'hui, treize ans après, je suis marié à quelqu'un que j'ai rencontré en Erasmus et nous avons un enfant – un petit Européen, grâce au programme Erasmus. [...] Ce serait drôle de savoir combien de petits Européens sont nés depuis – effet collatéral inattendu.

Andrea, italien - Danemark (1999)
[...] Mon expérience Erasmus a été une super année : elle a profondément affecté ma vie. [...] Je suis revenu du Danemark mais jamais d'Erasmus : je n'ai pas fait en sorte de retourner dans le pays, mais j'aide les étudiants Erasmus de mon université depuis 1999. J'ai saisi toutes les occasions pour voyager en Europe et au-delà, et je me suis beaucoup déplacé grâce au réseau des étudiants Erasmus. Si c'est un rêve, j'espère ne jamais me réveiller !

Sander, néerlandais - Italie (1998)
Après avoir beaucoup hésité, j'ai décidé de franchir le pas vers l'inconnu (avec l'une de mes camarades de fac) et de partir étudier en Italie. Mon seul problème était la langue : je ne parlais pas italien, mais très vite, j'ai découvert que ce n'était pas un obstacle du tout. C'est agréable de faire ses études à Bologne : c'est une belle ville, historique et internationale. Quelques cours m'ont suffi pour comprendre les bases de l'italien et suivre des cours dans cette langue. En quelques jours, je m'étais déjà constitué un réseau de connaissances venant de tous les pays d'Europe. Chaque jour, j'en ai appris sur les autres cultures.

Branca, portugaise - Norvège (2002)
Quand j'ai décidé d'aller en Norvège, tout le monde m'a dit : « Pourquoi si loin ? » J'ai répondu que je voulais voir du pays et découvrir d'autres cultures que la mienne. [...] La résidence n'avait rien du style norvégien ; au lieu de maisons en bois traditionnelles, c'était des immeubles d'appartements. On s'est tous rencontrés au cours de langue, on a fait connaissance avec les pays, les langues et les cultures de chacun. Pendant les onze mois que je suis restée là-bas, j'ai visité la Norvège, j'ai baigné dans un environnement multiculturel, admiré les aurores boréales et le soleil de minuit, fait des virées de ski nocturnes. J'ai appris qu'on pouvait se faire des amis très vite et avoir des liens très forts. Les Portugais (nous étions quatre) étaient les derniers à partir de la résidence et sur le chemin du retour, nous n'avons pu nous empêcher de nous arrêter partout où nous avions des amis Erasmus. Ça nous a pris deux semaines pour faire les 4000 km qui nous séparaient de chez nous ! Aujourd'hui, je réalise que le monde est un village et que, partout où que j'aille, je suis sûre d'y retrouver un ami solide !

Agnes, hongroise - Finlande (2003)
Je suis allée à Helsinki pour étudier l'anglais et ce fut une expérience singulière. J'ai découvert qu'on pouvait trouver des âmes sœurs de tous pays (au-delà de l'Europe) et aussi à quel point c'était génial de se sentir proche de personnes qu'on ne connaissait pas, aussi proche que si

c'était de la famille. Non seulement j'ai découvert un nouveau pays et une nouvelle culture, mais j'ai aussi appris des choses sur la Hongrie, à travers le regard des autres. J'en ai d'autant plus apprécié mon pays… […] À Helsinki, j'ai appris à échanger et à enrichir ma vision des choses, mes sentiments, mes expériences et ma vie ; […] j'encourage tout le monde à vivre cette expérience. Il faut y aller, c'est tout !

Gropita, roumaine - Belgique (2005)
Chaque personne qui a fait Erasmus a vécu les choses de façon très personnelle. Pour ma part, […] je peux dire que ça m'a donné une leçon de vie et que ça m'a changé sur bien des points. Mais clairement, c'est à mon retour au pays que j'ai réalisé ces changements, que j'ai pris conscience de ce que ça m'avait apporté et à quel point j'avais revu mes positions par rapport à ma vie d'avant. […] Partir m'ouvrait la voie vers un nouveau monde juste derrière les frontières de mon pays. Mon premier vol en avion, la première fois que je me retrouve seule loin de chez moi, obligée de parler anglais pour communiquer et me débrouiller ! Et j'ai assuré ! J'ai vécu une année riche en aventures, en expériences et en événements avec des gens impossibles à oublier. Si je pouvais, je remonterais le temps et j'y retournerais pour pouvoir vivre tout ça encore plus fort !

Violeta, grecque - Pays-Bas (2005)
Erasmus, le semestre le plus heureux de ma vie ! Dès mon arrivée à Groningen, j'ai eu l'impression d'être sur une autre planète tant tout était différent. Je me sentais renaître, je réalisais un rêve. J'ai rencontré des gens super, venant de tous les pays et ce sont nos particularités qui nous ont rapprochés. […] À l'époque, j'étudiais la communication internationale et ça m'a énormément aidée à comprendre des choses qui m'étaient étrangères jusque-là, ça m'a ouvert l'esprit. Mes amis sont devenus comme une famille pour moi. On dînait tous ensemble, on faisait la fête, on étudiait et on savourait nos journées. Ils font partie de ce que j'ai vécu de meilleur dans ma vie et je ne les oublierai jamais. Après Erasmus, tout est différent, tout !

Fabian, allemand - France (Poitiers) (2006)
Améliorer mon niveau de langue, connaître une culture différente et un autre système universitaire, voyager, voilà ce que j'attendais de mon Erasmus. Je n'ai pas été déçu ! Toutefois, j'avais remarqué que les étudiants qui faisaient leur Erasmus dans ma fac se regroupaient toujours par nationalité : les Polonais d'un côté, les Espagnols de l'autre… Je craignais que ça se passe comme ça en France, mais j'ai vite été rassuré : mon Erasmus a été une expérience internationale et j'ai passé mon temps avec des Italiens, des Espagnols, des Autrichiens, des Suisses, des Anglais… Avoir des amis venant de toute l'Europe a été pour moi le plus important. « Voilà », allez-y, faites votre propre expérience !

Giusy, italienne - Belgique (2006)
Je ne me doutais pas que ce qui s'est passé il y a un an allait bouleverser ma vie. Au début, j'ai pris ça à la rigolade, un truc impossible à réaliser. […] Mon faible niveau en anglais me laissait peu de chances d'obtenir Gent, ville très demandée, mais le destin en a voulu autrement : Gent prenait 4 étudiants et nous étions justement 4 postulants ! Merci à mon ami Iole, avec lequel je suis donc partie pour la Belgique ! Les premiers jours n'ont pas été drôles, j'étais nostalgique de tout ce que j'avais laissé derrière moi au pays. Mon niveau d'anglais ne m'a pas aidée à me socialiser : j'avais autant de mal à comprendre ce qu'on me disait qu'à m'exprimer sans avoir recours au dictionnaire… Tout a changé quand j'ai rencontré mes meilleurs amis : on faisait tout ensemble et on avait l'impression que ça durerait toute la vie. Bien sûr, c'était illusoire, mais une chose est sûre : je n'oublierai jamais les rencontres que j'ai faites et les moments incroyables que j'ai passés là-bas !

Pour d'autres témoignages, voir www.20erasmus.eu

BIBLIOGRAPHIE

Ouvrages généraux

- Marc Bloch, *L'Étrange défaite*, Paris, Éditions Gallimard, 1990.
- Christophe Charle, *Les Intellectuels en Europe au XIXe siècle, essai d'histoire comparée*, Paris, 1996, nouv. éd. Points, 2001.
- Christophe Charle et Jacques Verger, *Histoire des universités*, Paris, PUF, coll. « Que sais-je ? », 1994.
- Bernard Convert, *Les Impasses de la démocratisation scolaire. Sur une prétendue crise des vocations scientifiques*, Paris, Raisons d'Agir, 2006.
- Michel Deveze, *Histoire contemporaine de l'université*, Paris, SEDES, 1976.
- Jean-Michel Gaillard, *L'ENA, miroir de l'État, de 1945 à nos jours*, Bruxelles, Complexe, 1995.

- Pascal Josephe, *La Société immédiate*, Paris, Calmann Lévy, 2007.
- Jacques Le Goff, *Les Intellectuels au Moyen Âge*, Éditions du Seuil, 1957, rééd. Point histoire, 1985.
- Rachel Levy, « La place de la recherche universitaire dans les systèmes d'innovation : une approche territorialisée », thèse soutenue en 2005 à l'université Louis-Pasteur de Strasbourg, sous la dir. du professeur Jean-Alain Héraud, 2005.
- Louis Liard, *L'Enseignement supérieur 1789-1889*, 2 vol., Paris, Armand Colin et Compagnie, 1888.
- Jean Mathiex et Gérard Vincent, *Aujourd'hui (depuis 1945)*, Paris, Masson, coll. « Histoire contemporaine générale », 1984.
- Christian de Montlibert, *Savoir à vendre. L'enseignement supérieur et la recherche en danger*, Paris, Raisons d'Agir, 2004.
- Egdar Morin, *La Nouvelle Question scolaire*, Paris, Le Seuil, 1999.
- Pierre Moulinier, *La Naissance de l'étudiant moderne (XIXe siècle)*, Paris, Belin, 2002.
- Antoine Prost, *Histoire de l'enseignement en France 1800-1967*, Paris, A. Colin, coll. «U», 1968.
- Antoine Prost, « 1968 : mort et naissance de l'université française », *Vingtième siècle - Revue d'histoire*, n° 23, 59-70, juil.-sept. 1989.
- Alain Renaut, *Les Révolutions de l'université. Essai sur la modernisation de la culture*, Calmann-Lévy, 1995.
- Serge Vassal, *L'Europe des universités*, © Serge Vassal, Caen, 1988.
- Jacques Verger, *Les Universités au Moyen Âge*, Paris, PUF, 1973.

Actes de colloques

- « L'Europe enseignante et étudiante », *Les Cahiers de l'école*, n° 4, Séminaire interdisciplinaire, 13 janvier 2006.
- « De l'internationalisation à la globalisation de l'enseignement supérieur », *in* « Globalisation : Quels enjeux pour les universités ? », colloque sous la dir. de Gilles Breton, professeur de science politique, Université de Laval, 10 sept. 2002.
- *Les Universités en Europe du XIIIe siècle à nos jours*, ouvrage collectif, Paris, Publications de la Sorbonne, 2005.
- *Universités et institutions universitaires européennes au XVIIIe siècle*, sous la dir. de François Cadilhon, Jean Mondot et Jacques Verger, actes du colloque international organisé par le centre interdisciplinaire bordelais d'Études des Lumières, Presses universitaires de Bordeaux, 1999.

TABLE DES ILLUSTRATIONS

COUVERTURE

1er plat Étudiants fêtant leurs diplômes, Université de Brême, Allemagne.
Dos Étudiants de l'université de Bologne, détail du bas-relief du tombeau du professeur G. da Lagnano, XIVe siècle. Museo civico, Bologne.
2e plat Cours de Henricus de Allemania, in *Liber Ethicorum*. Kupfer-stichkabinett, Berlin.

OUVERTURE

1 Trinity College, Dublin, Irlande.
2 Université Humboldt, Berlin, Allemagne.
3h Université de Vilnius, Lituanie.
3b Université Jagellon, Cracovie, Pologne.
4h Université Bocconi, Milan, Italie.
5h Université Paris-Sorbonne : cours en amphithéâtre.
4-5 Université de médecine de Leipzig, Allemagne.
6 Université de Vienne, Autriche.
7h Université de Cardiff, Grande-Bretagne.
7b Université de sciences et techniques de Prague, République tchèque, Faculté d'ingénierie électrique.
8h Étudiants de l'université de Coimbra, Portugal, fêtant leurs diplômes, 2001.
8b Jeunes diplômés de l'Oxford Brookes University, Grande-Bretagne, 2007.
9 Joie des étudiants à la remise de leurs diplômes, Université Internationale de Brême, Allemagne, 2007.
11 Cours dans un amphithéâtre, décor de la porte du Cabinet des Manuscrits, fin XVIe siècle. Université de Salamanque.

CHAPITRE 1

12 Cours de Henricus de Allemania, in *Liber Ethicorum*. Kupfer-stichkabinett, Berlin.
13 Les Arts libéraux (détail), *in* Herrade de Landsberg, *Hortus deliciarum*, XIIe siècle (fac-similé XIXe siècle). Bibliothèque nationale de France (BnF), Paris.
14 *Effets du bon et du mauvais gouvernement à la ville et à la campagne* (détail), fresque d'A. Lorenzetti, 1338-1339. Palazzo Publico, Sienne.
15 Professeurs et étudiants, bois polychrome, début XVIe siècle. Musée national du Moyen Âge, Thermes de Cluny, Paris.
16 Arbre de consanguinité, in *Décrets de Gratien*, XIVe siècle. Bibliothèque municipale, Amiens.
17h Fresque des Arts libéraux, fin XVe siècle.

Chapelle des reliques, cathédrale Notre-Dame, Le Puy-en-Velay.
17b L'Arithmétique, *in* Gregor Reisch, *Margarita Philosophica*, 1517. Coll. part.
18hg *Saint Thomas d'Aquin*, peinture sur bois de Juste de Gand, XVe siècle. Musée du Louvre, Paris.
18hd Guillaume d'Occam, dessin du XIVe siècle.
18b Cours de dissection à la Faculté de médecine de Montpellier, *in* Guy de Chauliac, *La Grande Chirurgie*, 1363. Musée Atger, Faculté de médecine de Montpellier.
19 L'Homme, Adam, soumis aux forces de l'Univers, *in* Hildegarde de Bingen, *Livre des œuvres de Dieu*, XIIe siècle. Biblioteca civica, Lucques.
20-21h Philippe II Auguste remet le premier privilège royal aux maîtres et aux étudiants de Paris, in *Cartulaire de la nation de France à l'Université de Paris*, 1200. BnF, Paris.
20 Plan de Paris en 1551, dit plan de Bâle, par Olivier Truschet et Germain Hoyau. Bibliothèque historique de la Ville de Paris.
21b Statuts de l'université de Paris, 1215. Bibliothèque de la Sorbonne, Paris.
22h Étudiants de l'université de Bologne, bas-relief du tombeau de Giovanni da Lagnano, professeur de l'université, par J. et P. Dalle Masegne, XIVe siècle. Museo civico, Bologne.
22b Étudiants suivant un cours (détail), bas-relief du tombeau de Lorenzo del Pino, professeur de droit, atelier de Dalle Masegne, vers 1395. *Ibid.*
23 Enseignement à l'université de Bologne, bas-relief polychrome du tombeau de Pietro Canonici, vers 1502, école bolognaise. *Ibid.*
24h Blason de la nation polonaise à Padoue, in l'*Album nationis polonae*. Archives de l'université de Padoue.
24b Juriste de l'université de Bologne jouant le rôle de conciliateur entre des étudiants, marbre, XVe siècle. Musée du Louvre, Paris.
25 Gerson représenté en pèlerin, gravure. BnF, Paris.
26 Activités un jour de marché (détail), in *Codex Justinien*, 1350. Bibliothèque nationale, Turin.
27 Étudiants d'une école de droit, *in* Jean André, *Novela super Sexto*, XIVe siècle. Bibliothèque municipale, Cambrai.
28h Écusson de l'université de Salamanque, XVe siècle, façade de la Faculté des sciences physiques, Salamanque.
28b Jeanne d'Arc devant ses juges, lettrine ornée *in* copie du XVe siècle du procès de Jeanne d'Arc. BnF, Paris.
29hg Sceau de l'université de Paris, XIVe siècle. BnF, Paris.
29hm Sceau de l'université de Leipzig, vers 1409. Université de Leipzig.
29hd Ancien sceau de l'université de Glasgow. Mitchell Library, Glasgow City Council.
29b Sceaux des universités d'Oxford et de Cambridge, *in* Paul Lacroix, *Sciences et littérature du Moyen Âge et de la Renaissance*, 1878. Coll. part.
30 Portrait de six poètes (Dante entouré de Pétrarque, Boccace, G. Cavalcanti, M. Ficino et C. Landino), peinture d'après Giorgio Vasari, vers 1544. Coll. part.
31h *Erasme écrivant*, par Hans Holbein le Jeune, 1523. Musée du Louvre, Paris.
31b *Portrait de Thomas More*, école flamande, XVIIe siècle. Musée Granet, Aix-en-Provence.

CHAPITRE 2

32 Plan du Saint John College à Cambridge, gravure de D. Loggan, vers 1675. Coll. part.
33 Portraits de Gustav II Adolphe, roi de Suède, Johan Skytte, J. Lenaeus et Ericus Noraeus, professeurs à l'université d'Uppsala, in *Chronique de l'université d'Uppsala de 1641 1646*, XVIIe siècle. Bibliothèque de l'université d'Uppsala.
34h Carte de l'Europe des universités, en 1500. Infographie d'Edigraphie, Rouen.
34b Livre des immatriculations, liste des professeurs de l'université de Salamanque, 1564-1565. Bibliothèque de l'université de Salamanque.
35h Amphithéâtre de l'université de Turbingen, gravure de Ludwig Ditzinger d'après Johann Christ. Neuffer, vers 1600.
35b Étudiant, sculpture en bois, XVIIe siècle. Université de Salamanque.
36-37h *Collegium reginale, collegium magdalenense et collegium omnium animarum*, dessins de John Bereblock in *Guide de l'université d'Oxford et de ses collèges* écrit par Thomas Neale pour la reine d'Angleterre Elizabeth Ire, 1566. Bodleian Library, Université d'Oxford.
36-37b Plan de l'université d'Oxford, début XVIIe siècle.
38 Patio des écoliers et façade de l'université de Salamanque, XVIe siècle.
39h Vue aérienne de l'université d'Oxford, All Souls College.
39b Porte Ferrea, université de Coimbra, XVIIe siècle.
40h Vue du collège royal de La Flèche, dessin d'E. Martellange, XVIIe siècle. BnF, Paris.
40b Portrait du père Wilhelm Lamormaini, gravure XVIIe siècle. Coll. part.
41h Fondation de la Sorbonne par

CHAPITRE 3

CHAPITRE 4

université d'Utrecht.
67g Laboratoire de l'Accélérateur linéaire, Université des Sciences d'Orsay, vers 1970.
67d Accélérateur vertical, Université des Sciences d'Orsay.
67b Georges Charpak et Pierre-Gilles de Gennes à l'ESPCI de Paris, 1993.
68 Manifestation contre la guerre du Vietnam devant le consulat américain à Francfort, 27 mars 1965.
69h Université de Jussieu à Paris.
69b Article sur la réforme Fouchet, *Le Monde*, 10 juin 1966.
70h Assemblée générale des étudiants à l'université de Nanterre, 26 avril 1968.
70b Affiche de l'Atelier de l'école des Beaux-Arts, 1968.
71 Occupation de la Sorbonne par les étudiants, mai 1968.
72 Article de *La Stampa*, 1er mars 1968.
73 Assemblée générale des étudiants à l'université de Milan, 1968.
74h Manifestation devant la mairie de Schöneberg après l'attentat contre Rudi Dutschke, Berlin-Ouest, 12 avril 1968.
74b Rudi Dutschke devant le consulat général américain à Francfort, 5 fév. 1968.
75 Étudiants tchèques montant des barricades contre les chars russes, Prague, août 1968.

CHAPITRE 5

76 Étudiants dans un audimax surpeuplé, Université de Humboldt, Berlin.
77 Affiche de J.-S. Schwartz pour les 20 ans d'Erasmus, 2007 (premier prix du concours).
78h et 79h Annonces d'offres d'emploi, 2007.
78b Affiche du salon de l'étudiant «Campus orienta», Milan, 2005.
80h Logo du réseau IAE.
80b Étudiants MBA (HEC).
81h Entrée du Cambridge Business Park, fondé au milieu des années 1980.
81bg Laboratoire de recherche, université de Cambridge, fin des années 1990.
81bd Le téléphone Nokia Morph.
82h Campus central de l'université de Strasbourg.
82m Université de Madrid, École supérieure technique des Ingénieurs de télécommunication : présentation du CampusHD, (interactivité dans la télévision numérique de haute definition).
82b Laboratoire d'immunologie expérimentale, université de Louvain.
83 Bibliothèque de l'université Ernst-Moritz-Arndt, à Greifswald.
84hg Université de Cambridge, bâtiment de la Faculté de droit.
84hd Université de Technologie, Vienne.
84b Université de Technologie, Helsinki.
85hg Université Tomas Bata, Zlín (République tchèque).
85hd Pôle universitaire de Lille-Nord-Pas-de-Calais, La Manufacture.
85b Bibliothèque de l'université de Ljubljana (Slovénie).
86h Manifestation devant le Parlement à Westminster contre le projet de réforme des universités, 28 janvier 2004.
86b Manifestation d'étudiants de l'université de Bonn, juillet 2007.
87h Valérie Pécresse à l'Assemblée nationale, en décembre 2007.
87d Affiche de la Société Générale, prêt étudiant évolutif.
88h Logo Erasmus 1987-2007.
88-89b « Photo de classe » des premiers étudiants à avoir, en 1987, bénéficié du programme Erasmus.
89h Affiche de *L'Auberge espagnole*, de Cédric Klapisch, 2002.
90 Carte de mobilité des étudiants Erasmus en Europe, 2005-2006. Infographie d'Edigraphie, Rouen.
91 Étudiantes de l'université de Madrid.
92 Ministres de l'Éducation d'Italie (Luigi Belinguer), d'Allemagne (J. Ruttgers), d'Angleterre (baronne Blackstone) et de France (Claude Allègre), réunis dans le grand amphithéâtre de la Sorbonne à l'occasion du 800e anniversaire de l'université, 24 mai 1998.
91d Jeunes diplômées polonaises, 2004.
90-91b En-têtes de l'Europass, supplément au diplôme, en espagnol, bulgare, grec, islandais et portugais.
92 Enseignement par DVD à l'université de médecine de Grenoble.
95 Université en ligne, réalisée avec le soutien du ministère de l'Éducation nationale.
96 Cour intérieure du Centre des sciences de l'université de Berlin.

TÉMOIGNAGES ET DOCUMENTS

97 Cour magistral dispensé à l'université d'Heidelberg, gravure XVIe siècle. Coll. part.

INDEX

Les villes renvoient principalement à leurs universités.

A

Renan, Ernest 30, 55, *55*, *56*.

CRÉDITS PHOTOGRAPHIQUES

AFP/ E. Feferberg, Paris 92h. AFP/ P. Hertzog 87h. AKG-images, Paris 20-21h, 30, 35h, 44-45b, 50-51h, 50b, 51b, 55h, 55b, 62h, 74m, 89h. AKG-images/ Ullstein bild 74. Archives Gallimard 32, 34h, 36-37b, 36h, 37h, 40b, 41b, 42h, 57b, 90. Archives nationales, Paris 49, 58h. Bibliothèque de l'Université de Bologne 43. Bibliothèque nationale de France, Paris 25, 28b, 29hg, 40h. BpK, Berlin, distr. RMN, Paris 46, 52h, 52b, 97. BpK, Berlin, distr. RMN/J. P.Anders 2e plat, 12. BpK, Berlin, distr. RMN/ D. Katz 47. Bridgeman/Giraudon, Paris 16, 18b, 29b, 41h, 45h, 54h. Corbis/T. Arruza 8h. Corbis/Bettman, Paris 59h, 68, 75. Corbis/R. Bryant 84hg. Corbis/F.M.Frei 61. Corbis/dpa/W. Grubitzsch 4-5. Corbis/dpa/I. Wagner 1er plat, 9.Corbis/EFE 91. Corbis/M. Goddard 8b. Corbis/J. Hawkes 39h. Corbis/S. Kamantini 84hd. Corbis/W. Manning 3b. G. Dagli Orti/picture Desk 17h, 19, 24b, 33, 35b. Olivier Dion 128h. Droits réservés 24h, 42b, 48b, 53h, 57h, 59b, 62, 85b, 128b. Hoa Qui/Age Fotostock/W.Buss, Paris 3h. http://europass.cedefop.europa.eu 92b, 93b. http://www.europe-education-formation.fr 77, 88h, 88-89. IED Communicazione Milano/Ph. Neri Odda/DR 78. Keystone, Paris 64. Keystone/ Mary Evans Picture Library 54b, 65h. Kharbine Tapabor/ Chevra 27. Kharbine Tapabor/Coll. Dixmier, Paris 70b. Kharbine Tapabor/J. Vigne 21b. Leemage, Paris 73. Leemage/Aisa 11, 48h. Leemage/ Bianchetti 56h. Leemage/Costa 17b, 18hd. Leemage/Electa 14, 26. Leemage/Photo Josse 15, 18hg, 20, 31h, 31b, 56b. Leemage/ L. Ricciarini Dis, Dos 22h, 22b, 23. Leemage/Selva 13, 44, 58b. Le Monde 69b. Magnum photos/B. Barbey, Paris 60, 71. Magnum photo/ M. Franck 69h. Magnum photos/ R. Kalvar 80. Magnum photos/E. Lessing 62m, 63. Mitchell Library, Glasgow City Council 29hd. Nokia France 81bd. Photo12.com/Alamy/E. Anthony 81h. Photo12.com/Alamy/D. Frazier 1. Photo12.com/ Alamy/The photolibrary Wales 7h. Photo12.com/Oronoz 28h, 34, 39b. Photononstop/Ben Simmons, Paris 84b. Picturetank.com/S. Zaubitzer, Paris 5h. Rapho/J. Niepce, Paris67hd, 70h. REA/ Colzon jez insight/N. Turner, Paris 81bg. REA/Contrasto/R. Caccuri 4h. REA/ R. Damoret 65b. REA/B. Decout 7b, 85hg. REA/M. Fourmy 82m. REA-Laif/D. Butzmann 76. REA-Laif/A. Fechner 83. REA/F. Henri 94. REA-Report Digital/J. Huard 86h. REA-Reporters/J. Van de Vel 82b. REA/ N. Tavernier 87b. REA/R. Unkel 86b. Roger-Viollet/Ullstein bild, Paris 2, 6, 53b, 93m, 96. Scala, Florence 38. Sipa/Boccon/Gibod, Paris 67b. Université de Leipzig 29hm. Université Louis Pasteur/B. Braesch, Strasbourg 82h. Université Paris sud XI, faculté des sciences, Orsay/ J. Pochard 67hg. Université d'Utrecht/Werry Crone 66. Urbaimages/ H. Chauvet, Paris 85hd.

REMERCIEMENTS

Les Éditions Gallimard et les auteurs tiennent tout particulièrement à remercier Jacques Le Goff.

ÉDITION ET FABRICATION

DÉCOUVERTES GALLIMARD
COLLECTION CONÇUE PAR Pierre Marchand. DIRECTION Elisabeth de Farcy.
COORDINATION ÉDITORIALE Anne Lemaire. GRAPHISME Alain Gouessant.
COORDINATION ICONOGRAPHIQUE Isabelle de Latour.
SUIVI DE PRODUCTION Fabienne Brifault.
SUIVI DE PARTENARIAT Madeleine Giai-Levra.
RESPONSABLE COMMUNICATION ET PRESSE Valérie Tolstoï.
PRESSE David Ducreux et Alain Deroudilhe.

L'EUROPE DES UNIVERSITÉS
ÉDITION Caroline Larroche et Sophie Farhi. ICONOGRAPHIE Claire Segura et Annabelle Biau.
MAQUETTE Valentina Léporé. LECTURE-CORRECTION Jean-Paul Harris et Jocelyne Moussart.
PHOTOGRAVURE Nouveau Cap.

Diplômée de plusieurs universités (Saarbrücken, Sciences Sociales de Toulouse, Paris-I-Panthéon-Sorbonne et Robert-Schumann, Strasbourg), Marie-Laure Le Foulon est journaliste. Après avoir travaillé à *Télérama*, où elle a notamment couvert la chute du Mur de Berlin en 1989 et la révolution roumaine, elle a été correspondante du *Figaro* pour la Scandinavie pendant dix ans. Elle a récemment publié *Le Rebond du modèle scandinave* (Éditions Lignes de repères, 2006).

Jean-Maurice de Montremy est journaliste, chroniqueur à *Livres Hebdo et* romancier. Il est l'auteur de plusieurs essais historiques, dont *À la recherche du Moyen Âge* (avec Jacques Le Goff, Points-Seuil, 2003) et *Rancé, le soleil noir* (Perrin, 2006).

Cet ouvrage a été réalisé avec le soutien du Secrétariat général de la Présidence française de l'Union européenne.

Dépôt légal : juin 2008
Numéro d'édition : 159226
ISBN : 978-2-07-0357994
Imprimé en France par IME